심리학으로 말하다

일터

심리학으로 말하다
일터

초판 1쇄 발행 | 2021년 6월 10일

지은이 | 툰 타리스
옮긴이 | 조현재
펴낸이 | 조승식
펴낸곳 | 돌배나무
공급처 | 북스힐
등록 | 제2019-000003호
주소 | 01043 서울시 강북구 한천로 153길 17
전화 | 02-994-0071
팩스 | 02-994-0073
홈페이지 | www.bookshill.com
이메일 | bookshill@bookshill.com

ISBN 979-11-90855-08-2
979-11-90855-00-6 (세트)
정가 13,500원

• 이 도서는 돌배나무에서 출판된 책으로 북스힐에서 공급합니다.
• 잘못된 책은 구입하신 서점에서 교환해 드립니다.

심리학으로 08 말하다

WORKING LIFE

일터

Toon Taris | 조현재 옮김

툰 타리스 Toon Taris는 네덜란드의 위트레흐트대학교Utrecht University의 일과 조직 심리학 교수이며, 근로자의 스트레스와 건강에 대해 연구하고 있다.

조현재는 이화여자대학교 통·번역대학원 한영번역학과를 졸업하고 이화여자대학교 통·번역연구소 번역연구원으로 일하고 있다.

01 우리가 일에 대해 이야기하는 것 • 7

02 더 열심히, 더 잘, 더 빨리, 더 강하게 • 24

03 사람, 우리가 알고 있는 사람 • 54

04 일에서의 행복 증진 • 84

05 업무 환경에 최적화된 사람 • 116

06 일에서의 회복 • 151

07 앞으로 달라질 일의 형태 • 176

감사의 글 • 197

참고문헌 • 199

01
우리가 일에 대해 이야기하는 것

1848년에 카를 마르크스와 프리드리히 엥겔스가 '공산당 선언'을 발표하면서, 노동 계층의 사회적 환경과 근무 환경에 대해 이렇게 말했다.

> 광범위한 기계 사용과 분업으로 인하여 프롤레타리아(노동자) 계층의 일은 개별적인 특성을 모두 상실하였고, 이에 따라 노동자가 가진 모든 매력도 사라졌다. ……가장 단순하고, 단조롭고, 쉽게 습득할 수 있는 요령, 이것만이 노동자에게 필요한 전부이다.[1]

이 인용문은 아마도 다른 의미를 전달하려는 것이겠지만, 노동이 끔찍한 삶의 현실인 것만은 아니다. 예를 들어, 만화가 칼 바크스Carl Barks가 그린 디즈니 고전 만화 도널드 덕의 '몬스터빌Monsterville'에서 천재 발명가인 자이로 기어루스는 운영에 인간의 노력이 들지 않도록 덕버그시市를 자동화 도시로 만들자고 시의회를 설득한다. 하지만 시민들은 장난감까지 저절로 작동되고, 하루 종일 아무 일도 하지 않는 삶은 공허하고 지루하고 불행하다는 것을 이내 깨닫는다.[2] 물론, 일은 고단하고 좌절감을 안겨주고 감정을 무디게 할 수도 있으며, 일하느라 다른 재미있는 활동에 쓸 수 있는 시간을 빼앗길 수도 있다. 그러나 우리가 일 없이도 만족스러운 삶을 살 수 있다고 상상하기는 어렵다. 일을 통해 소득을 얻기 때문만이 아니라, 일은 기쁨, 삶의 토대, 지위, 도전, 사회적 접촉, 의미, 목적의 원천이자 타인의 삶에 긍정적인 영향을 미치는 수단이 되기 때문이다. 미국의 시어도어 루스벨트 전대통령이 말했던 것처럼, "결과적으로 볼 때, 편안하기만 한 삶이 아주 만족스러운 삶은 아니다."[3]

이 책은 일과 노동, 그리고 그 안에서 심리학이 가지는 역할에 대해 다룬다. 첫 번째 주요 논지는, 오늘날 우리가 일하는 방식이 기술 발전과 경제적 고려를 통해 가장 효율적이고 큰 혜택을 얻는 방식으로, 자본, 천연자원, 노동이라는 세 가지 주요 생산 요소를 이용해 상품과 서비스를 생산하기 위한 것만은 아니라는 점이다. 더 정확히 말하면, '우리가 일하는 방식은 세 가지 생산 요소, 그중에서도 노동을 잘 활용하는 최선의 방법에 대한 우리의 시각에 의해서도 상당히 좌우된다.' 사람이 항상 공장과 사무실 또는 집에서 일하면서, 세세하게 구분된 업무를, 엄격한 규칙과 절차에 따라, 업무에 딱 맞는 도구와 기계를 사용해 수행하는 식으로, 마르크스와 엥겔스가 주장한 것 같은 "노동자가 가진 모든 매력"을 없애 버린 것은 분명 아니다. 우리가 노동을 다루는 방식, 다시 말해 우리가 일하는 방식을 변하게 한 주요 동력이 경제 및 기술적 고려였고, 지금도 그러하다는 점은 부인할 수 없다. 그러나 사람이 직장에서 최고의 성과를 거두려면 어떻게 해야 하는지, 같은 일을 하면서 왜 어떤 사람은 다른 사람보다 일을 잘하는지, 왜 사람은 일하면서 행복하거나 불행한지 등의 문제를 이해하기 위해서는 경제적, 기술적 고려만으로는 충분하지 않다.

이쯤에서, 기술혁신은 우리가 일하는 방식을 반드시, 그리고 돌이킬 수 없이 변화시킨다는 가정이 틀릴 수 있다는 점에 주목하자. 역사를 살펴보면 때때로 혁신적 기술이 이전 기술보다 분명히 장점이 있음에도 거부된다거나, 보다 밝은 전망의 대안이 있음에도 이전 기술이 살아남는 경우가 있다. 전자의 예로, 서기 300년에서 700년경 북아프리카에서 낙타가 마차와 수레를 대체한 결과 바퀴 달린 운송수단이 사라졌고, 더욱 최근으로는 영불합작의 콩코드 여객기와 소련의 투폴레프 TU-144 초음속 여객기의 경쟁 상대로 구상된 보잉 초음속 여객기 개발 프로그램을 1971년 미국 상원에서 종결시켰다. 후자의 예로, '친환경 에너지'의 한 형태로 장작 난로가 다시 도입되었고, 기계식 타자기가 툭하면 멈추는 것 때문에 빠른 타이핑이 어렵도록 고안되었다고 하는 쿼티 키보드 배열이, 인체공학적으로 더 우수한 드보락 키보드 배열이 있음에도 계속해서 사용되고 있다. 실제로, 더 나은 기술이 개발되었는데도 기능적으로 불편하고 비효율적인 기술로 '되돌아가는' 경우가 있는데, 표준 크기의 키보드와 스크린을 갖춘 기기 대신 노트북, 태블릿 pc, 심지어 핸드폰을 사용하는 것을 생각해 보면 된다. 의심의 여지 없이, 우리는 새로운 기술 앞에서, 새로운 기술의 특징들이 우리의 삶과 일하는 방식에 영향을 미치게 놔둘 것인지, 영향을 미치게 둔다면 어떠한 방식으로 영향을 받을 것인지에 대한 선택권을 쥐고 있다.[4]

노동을 잘 활용하기 위한 최선의 방법을 무엇으로 보는가에 따라서 우리의 일하는 방식이 상당 부분 결정된다는 가정하에, 이 책의 두 번째 주요 논지는, 우리가 일하는 방식이 일의 '성과'를 결정하는 중요 요소라는 점이다. 예를 들어 노동자의 경우에는 동기 부여, 건강, 웰빙, 성과 등이, 업무 환경의 경우에는 함께 일하는 팀이, 노동자가 일하는 조직의 경우에는 효율성, 수익성, 전체적 성과 등과 관련이 있다. 이는 일을 조직하는 방식과 관련된 선택들이, 눈에 보이는 금전적 차원뿐만 아니라 인간의 웰빙과 행복의 관점에서, 노동자 개인과 사회 모두에 실제적이고 중대한 영향을 미친다는 것을 암시한다. 따라서 일을 조직하는 방식과 관련된 선택들이 노동자와 이들의 웰빙 및 행동에 어떤 식으로 영향을 미치는지를 이해하는 일은 우리 모두에게 중요하다. 타인이 정하는 방식대로 일해야 하는 노동자이든, 타인이 일하는 방식에 영향을 주는 인적 자원 전문가,

관리자, 고용주 같은 전문가이든, 이러한 전문가가 되기를 꿈꾸는 학생이든 상관없이 우리 모두에게 해당하는 말이다.

이 책의 세 번째 주요 논지는, 일이 노동자에게 지속해서 부정적인 영향을 주지 않는 한 '열심히 일하는 행위 자체는 잘못된 것이 없다'는 점이다. 예를 들어, 발암물질이나 독성물질을 가지고 일하는 것이 불가피할 때가 있지만, 이때 노동자의 건강에 악영향이 미치지 않도록 세심한 주의를 기울여야 한다. 마찬가지로, 사람이 지나치게 열심히 일하거나 일만 하고 놀지 않으면 우둔해질 뿐만 아니라 스트레스를 받아 탈진하기 쉽다. 따라서 '지속적인' 성과 유지를 위해서는, 한편으로는 일과 높은 성과, 다른 한편으로는 건강과 일에서의 회복이 서로 균형을 이루어야 한다.[5]

이 책의 마지막 주요 논지는, 생산성을 높이면서도 건강과 행복을 유지할 수 있는 최적의 균형을 알아내려면 '일을 심리학적 시각에서 바라보는 것이 중요하다'는 점이다. 이는 일을 조직하는 방법과 이로 인한 노동자의 건강, 웰빙, 행동, 노동자와 조직의 성과에 미치는 영향과 관련해 내리는 선택들을 심리학적으로 바라보는 것을 의미한다. 최근

몇 년 동안 심리학자들과 심리학의 영향을 받은 경영 연구원들이 업무 체계, 업무의 동기 부여, 직업 보건 및 업무 성과 분야에 대한 유용한 통찰력을 다수 포함하고 있는 많은 연구를 내놓았다. (여기서는 현역 전문가가 아니라, 학자들을 의미한다.) 나는 업무 설계가 기술과 경제의 문제이기도 하지만, 이에 못지않게 심리적인 문제이고, 그래야 한다고 확신한다! 애당초 이 책을 쓰게 된 주요 원동력도 바로 이 때문이다.

이러한 배경에서, 이 책은 두 가지 포괄적 질문이 핵심이다. 첫 번째는 '왜 우리는 지금의 방식으로 일하는가?'의 문제로, 업무 현장의 설계를 이끌어 온 통찰력, 이론, 연구 결과에 초점을 맞춘다. 이 질문에 답하기 위해서는 어느 정도 역사적 배경을 살펴볼 필요가 있다. 반박의 여지가 없던 예전 시대의 진리가 이와 반대되는 현재의 의견에 밀려 폐기되는 경우가 가끔 있지만, 과거 연구들은 여전히 일의 설계 방식에 계속해서 영향을 주기 때문이다. 두 번째 문제는 '어떻게 하면 업무 성과와 노동자의 웰빙을 최적화할 수 있으며, 이러한 과정에서 어떤 대가를 치러야 하는가?'이다. 이 질문은 책 주제의 응용 가능성과도 관련이 있고, 장기적인 관점에서 높은 성과와 노동자 건강 사이의 바람직한 균형과도 관련이 있는 문제다. 이어지는 장에서는 지나가는 이야기로만 언급하겠지만, 마지막 7장에서 이 주제로 돌아와 책에서 제시된 통찰이 이 질문에 얼마나 적합한지를 논할 것이다.

일에 대한 이야기

일상에서 '일'은 '결과를 달성하기 위한 정신적 또는 신체적 노력이 포함된 활동으로, 수입을 얻기 위한 수단'[6]을 의미한다. 이러한 정의는 일의 두 가지 중요한 측면을 강조한다. 한 측면은 일이 '목표 지향적' 행위이며, 미래의 어느 시점에 어쩌면 바라던 결과를 가져올지도 모르는 무작위 행동이 아니라는 것이다. 특히 일터에서의 행위는 일반적으로 재화나 서비스 생산 같이 특정 목표가 있는 결과를 내놓으려는 의도를 지니고 있다. 그 결과, 일터에서의 행위는 다른 노동자의 행동, 그리고 회사의 목표와 잘 맞도록 '계획'되고 '조정'된다. 이러한 목표를 위해, 일터에서 수행되는 업무는 종종 특정한 절차, 지침, 과정을 따르며, 노동자가 의도한 목표를 성취할 수 있도록 특별히 개발된 컴퓨터 프로그램, 도구, 기계의 도움을 받아 수행된다. 노동자가 일의 목표를 최대한 쉽게 달성할 수 있도록 특정 종류와 수준의 교육과 훈련이 요구되는 경우도 종종 있다.

다른 측면은 일터에서 하는 활동이 '정신적, 신체적 수고를 요구'하는데, 이러한 수고는 '어떤 식으로든 보상을 받으며', 보통은 금전적 보답의 형태로 이루어진다는 것이다. 이러한 보답은 즉각적으로 주어지지 않거나 비금전적인 형태를 띠는 경우도 있다. 예를 들어, 대학생들은 학점 대체 의무 활동으로, 또는 졸업 후 직업을 구하는 데 도움이 되는 유용한 기술과 경험을 얻기 위하여 무급 인턴사원으로 일할 수도 있다. 이러한 인턴직은 미래에 수익을 거두어들일 것으로 기대되는 투자일 수 있다.

일에 수고에 대한 보상이 포함된다는 것은, 가사 활동 같은 무급의 일이 '일'로 분류되지 않는다는 의미임에 주목하자. 그런데 이러한 무급 활동은 다른 사람들이 돈을 받고 일하는 활동과 매우 유사할 수 있다. 자신의 어린 자녀를 돌보는 일은 일로 분류되지 않는다. 그러나 베이비시터나 유치원의 선생님이 다른 사람의 자녀를 종종 돌봐 준다면 그 대가로 일정한 보수를 받을 것이다. 다시 말해, '일을 하고 있는 것'이다. 따라서 일과 기타 활동 사이의 차이점은 업무를 행하는 사람이 일정한 금전적 보상을 받는가에 달려있지, 행하는 업무의 종류에 있지는 않다. 그러므로 2장에서 논의할 업무의 최적 설계와 관련된 원칙들은 일과 가사 활동 모두에 적용되는 경우가 많다.

들어가며

1950년대 이후로 많은 학자들이 심리학적 관점에서 일에 대해 연구해왔지만, 최적의 작업 방식에 대한 체계적 사고는 훨씬 이전부터 시작되었다. 초기 사례로는 기원전 5세기에서 기원전 3세기의 다양한 그리스 저자들이 저술한, 60여 권의 책 모음집인 『히포크라테스 코퍼스Hippocratic Corpus』가 있다. 이 책들은 고대 그리스 의학 지식을 기록한 것으로, 의사들에게 치질, 궤양, 골절 등 특정 질병의 치료법과 관련된 자세한 절차와 지침을 제공한다. 의사가 환자를 치료할 때 어떻게 행동해야 하는지에 대해 책에서는 이렇게 기록하고 있다.

> 환자를 치료할 때는 환자에게 대부분의 사실을 감추고, 모든 과정을 차분하고 질서정연하게 행하라. 격려가 필요할 때는 차분하지만 기꺼이 해주고, 환자가 자신의 상황에서 주의를 돌리게 하라. 때로는 강하고 엄격하게 꾸짖고, 때로는 관심을 가지고 환자의 외로움을 위로하되, 장래와 현재 상황에 대해서는 알리지 말아야 한다.[7]

이와 마찬가지로, 로마 군대는 분명하고 간단한 원칙에 따라 편성되었다. 조직 내의 직위는 해야 할 업무와 업무를 수행하는 방법과 관련하여 명확하게 구분되어 있었다. 몇몇 안내책자에는 이 군대의 다양한 부대들이 특정 상황에서 어떻게 운영되는지에 대해 서술하고 있다. 이전 시대의 문서들을 바탕으로, 기원전 390년경 로마의 저술가 베게티우스Vegetius는 『군사론De Re Militari』을 발행했다. 이 짧은 논문에서 그는 신병의 선발과 교육, 군대의 조직, 적을 찌르는 법 등의 주제를 포함한 로마 군대의 조직화, 장비, 훈련에 대해 서술했다. 예를 들어, 로마 장교들은 부대 내 반란을 미연에 방지하기 위해 다음과 같은 방법을 사용하도록 권고받았다.

> 굴복과 복종에 대한 생각을 제외하고는 어느 생각도 품을 여지가 없도록 엄격한 규율을 유지하는 것을 자신의 임무로 삼아야 한다. 야외 훈련을 위해서든, 군대 사찰을 위해서든, 병사에게 끊임없이 일을 시켜야 한다.…… 수시로 점호를 하고 모든 신호를 정확히 준수하도록 교육해야 한다.…… 이 모든 것을 계속 반복하고 병사들이 지칠 때까지 전투태세를 유지하도록 하는 일을 수시로 행해야 한다.…… 이처럼 자신의 병영에서 교육받고 훈련한 서로 다른 종류의 모든 부대원들은 전장에 나갈 때 영광을 향한 경쟁심과 전투에 대한 열의로 한껏 고무된 자신을 발견할 것이다.…… 자신이 가진 기량과 체력에 적절한 확신이 있는 군인은 반란을 생각하지 않는다.[8]

흥미로운 점은, 이 인용문이 로마 장교들이 근무 중 어떻게 행동하도록 조언받았는지를 보여줄 뿐만 아니라, 베게티우스가 교육과 훈련의 심리적 결과에 대해 예리한 시각을 가지고 있었다는 점도 보여준다는 사실이다. 병사들을 끊임없이 온갖 종류의 훈련과 교육 활동으로 바쁘게 만들어, 반란을 일으키는 데 필요한 에너지와 결단력을 빼앗았을 뿐만 아니라 병사들의 기량, 체력, 자신감, 전투에 대한 열의도 증가시켰다. 따라서 로마 장교들은 병사들이 계속 일을 하게 만들어, 이들을 고분고분하면서도 기량이 뛰어나고 의욕이 넘치는 전투 기계로 만들 수 있었던 것으로 보인다.

이 예시에서 볼 수 있듯이, 특정 업무가 어떻게 수행되어야 하는가에 대한 초기의 사고는 일반 상식, 전통, 도덕적 이치, 오랜 관행과 문외한의 심리적 직관 등에 의존했다. 일과 일이 노동자의 성과와 웰빙에 미치는 영향을 분석한 보다 과학적인, 다시 말해 보다 철저하고 체계적이고 실증적인 접근법은 훨씬 뒤에 등장했다. 1500년대 광산 기술과 과학에 대한 영향력 있는 책, 게오르기우스 아그리콜라Georgius Agricola의 『금속의 본질론De Re Metallica』이 출판되었다. 아그리콜라는 책에서 광산 기술을 상세히 논했지만, 당시 중요한 광산 지역이었던 독일 작센 지방의 켐니츠의 마을 의사이기도 했던 그는 광부들이 전형적으로 걸리는 직업병에 대해서도 관심을 가졌다. 아그리콜라는 자신의 책에서 '광부의 질병과 사고'를 다루었으며, 아울러 이러한 질병과 사고를 예방하기 위한 방법, 예를 들어 광진 흡입으로부터 광부들을 보호해 줄 수 있는 얼굴 덮개 착용 같은 것에 대해 기술했다. 또한, 광부들이 하루 8시간 3교대로 일주일에 5일만 일해야 하며, 하루 2교대 이상 근무하는 것은 업무 중 부상의 위험을 높이기 때문에 피해야 한다고 권고했다. 더욱이, 성과는 지속 가능한 것이어야 한다는 이 책의 세 번째 주요 논지와 일맥상통하게, 아그리콜라는 '수익 창출보다는 언제나 우리의 건강을 유지하는 일에 더 많은 주의를 기울여야 한다'는 놀라울 정도로 현대적인 견해를 피력했다.[9] 이와 유사하게, 1700년 이탈리아 모데나에서 베르나르디노 라마치니Bernardino Ramazzini의 상당히 영향력 있는 책, 『노동자의 질병De Morbis Artificum Diatriba』이 처음으로 발행되었다. 이 책은 52개 직업의 노동자 사이에 전형적으로 발생하는 질병에 대해 기술하고 있다. 라마치니는 직업병의 원인으로 광물과 금속의 취급, 독소 흡입, 물, 우유, 알코올성 음료와 같은 액체에 노출, 부자연스러운 자세나 오랜 시간 동안 같은 자세를 취하기 등, 4가지를 지적했다.[10] 라마치니와 아그리콜라의 저작물들은 현재 직업병 의학으로 알려진 과목의 시초로 여겨지고 있다.

18세기 후반에서 19세기 초반에 걸친 산업 혁명 동안, 수력과 증기력에 크게 의존하는 새로운 제조 과정으로의 유례없는 이행이 이루어졌다. 그 결과 제조 과정은 장인이 하나씩 만들어 내던 소량 생산에서 대량 생산으로 변화했다. 경제 체제 또한 산업 자본주의 체제로 변모했다. 수백 명 또는 심지어 수천 명의 남성, 여성, 아동 노동자를 고용하는 대규모 공장들이 세워졌다. 이러한 공장에 원자재를 실어 나르고 공장에서 생산한 상품들을 판매 상점에 운반하기 위하여, 수천 킬로미터의 운하, 도로, 철도가 건설되었다. 노동자는 이러한 공장에서 새로운 일자리 기회를 발견했고, 이로 인해 도시가 급성장했다. 이와 같은 맹렬한 산업화 과정에서 번영이 함께 했다. 한 저자에 따르면, 생활 수준의 지표가 되는 영국의 일 인당 수입은 1760년에서 1860년 사이 대략 두 배로 올랐다. 1970년 미국 달러화를 기준으로 환산하면, 소득이 1760년 400달러에서 1800년 430달러, 1830년 500달러, 1860년 800달러로 증가한 셈

이다.[11]

그러나 일 인당 수입이 두 배나 증가했음에도, 당시 근로 조건과 생활 여건은, 적어도 현대인의 관점에서 보면, 여전히 혹독했다.[12] 공장주와 광산주들은 고용한 사람들을 규율하고 통제할 방법을 모색하여, 일종의 체계를 세웠다. 하루 12시간에서 14시간 근무가 흔할 정도로 긴 시간 일을 시키고, 성인 노동자를 가죽끈으로 자주 구타하고 아동은 귀를 탁자에 대고 못을 박는 등 가혹하게 징계하고, 근무 시간에 잡담하거나 귓속말을 한 것, 허락 없이 자리를 비운 것, 생산량을 채우지 못한 것 등에 벌금을 매겼다. 실제로, 광부들은 광차(광산에서 캐낸 광석을 실어 나르는 뚜껑 없는 차량 – 옮긴이 주)가 중량 미달일 경우, 한 주의 일을 마무리할 때 광산주에게 돈을 빚지는 경우도 있었다.[13,14] 전반적으로, 노동 환경은 노동자들이 고용주를 위해 희생하면서까지 일하고 싶다는 생각은 전혀 들지 않을 만큼 열악했기 때문에, 19세기 중반에 노동자들이 마르크스나 엥겔스 같은 혁명가들의 말에 더욱 영향을 받게 된 것도 놀랄 일이 아니다. 따라서, 공장주들에게는 어떻게 하면 노동자들의 저항을 사전에 봉쇄하고 열심히 일에 매진하도록 동기를 부여할 수 있는가를 알아내는 일이 날이 갈수록 중요해졌다. 징계, 낮은 임금, 벌금, 지나치게 긴 작업 시간이 아니라면, 그 어떤 것이 효과가 있을 것인가? 일할 때의 경험들, 다시 말해 '일하는 측면의 삶'을 의식적으로 계획하는 일이 작업 현장과 직무를 설계하는 기술과 과학이 태동하던 시절의 핵심적 시각이었다. 전통적으로, 사람들이 일하는 방식은, 전부는 아니어도 주로 기술 및 경제 발전에 의해 좌우되었다. 그러나 19세기 말경이 되면, 현재 우리가 '심리적' 고려 사항이라고 부르는 것이 갈수록 중요해진다.

02

더 열심히, 더 잘, 더 빨리, 더 강하게

널찍한 정원이 둘러져 있고 관목과 나무들이 아름다운 벽을 이루어 사람들의 시선에서 숨겨진 세인트마틴 8410번지는 미국 펜실베니아주, 필라델피아 부촌에 있는 조지 왕조풍의 대저택이다. 1903년에 지어졌고, 첫 번째 소유주가 심은 백 년 된 거대한 회양목 울타리를 따서 이름 붙여진 박슬리Boxley는 처음에는 정원으로 유명해졌다. 애석하게도 회양목은 제대로 뿌리내리지 못하고 오래전에 사라져 버렸다. 오늘날 박슬리는 프레더릭 윈즐로 테일러Frederick Winslow Taylor가 자신과 자신의 가족을 위해 지은 집으로 더 잘 알려져 있다. 당시 테일러는 엔지니어, 발명가, 그리고 '아직은 용어가 만들어지기 전'의 경영 컨설턴트로서 탄탄한 명성을 얻고 있던 인물로, 과학적 경영관리법을 창시했다. 과학적 경영관리법은 과학적 통찰력을 이용해 노동 생산성이라는 긴급한 사안을 다루기 위한 접근법이었다.

사람과 사명

프레더릭 테일러는 1856년 부유한 필라델피아 퀘이커교도 가문에서 태어났는데, 그의 부모는 테일러를 하버드 법대에 보내기 위해 명문 필립스 엑서터 아카데미에 입학시켰다. 그러나 유감스럽게도, 테일러는 미처 발견하지 못했던 난시 때문에 혹은 그의 표현을 빌자면 "너무 열심히 공부했기" 때문에, 엑서터에서 공부하는 동안 두통을 심하게 앓아 학업을 중퇴할 수밖에 없었고, 부모가 원했던 법조계 일을 포기해야 했다. 대신 그는 가족의 친구가 소유한 지역 펌프 공장의 기계 기술자 및 주형 제작자 견습공이 되었다. 3년 후에 테일러는 필라델피아의 다른 지역에 있는 미드베일 철강 회사의 선반(나무, 쇠붙이 절단용 기계 – 옮긴이 주)기사로 직장을 옮겼다. (회사는 1956년 피츠버그의 헤펀스톨 철강 회사와 합병되었다.) 직장을 옮긴지 겨우 두 달 만에, 아마도 미드베일 철강 회사 경영진과의 인맥 때문인지, 23세의 테일러는 선반 기사들을 현장에서 감독하는 작업 반장으로 승진했다.

당시 노동자들은 경영진보다는, 현장 감독이 행사하는 권력의 영향을 더 많이 받았는데, 현장 감독들은 상사의 지시를 받지 않고 대체로 독립적으로 일했다. 경영자들은 현장 감독의 손에 기꺼이 권한을 위임하였기 때문에, 현장 감독들은 서툴고, 난폭하고, 미개한 노동자들을 자신의 자유재량에 따라 고용하고, 해고하고, 징계했다. 부패는 드문 일이 아니었다. 적게는 당시 주급에 상당하는 5달러에서 많게는 25달러에 이르기까지, 현장 감독이 돈을 받고 노동자들에게 일자리를 파는 것이 일종의 관례였다. 현장 감독들은 급여 지급일이면 '향응'을 제공받았고 이미 계산이 끝난 맥주 상자와 담배 상자가 이들의 집에 은밀히 전달되곤 했다.[1] 현장 감독을 매수한 대가로, 노동자는 자신의 근무환경에서 일정 정도의 통제력을 획득했고, 최소한의 급여로 최대한의 결과를 얻으려는 경영자와 소유자에게서 어느 정도 보호를 받았다. 이러한 시스템에서 확실히 현장 감독은 최대한의 수익과 효율성을 성취하려는 경영진의 목표에 특별히 신경 쓰지 않았기 때문에, 경영진에 대항하여 노동자들과 연합을 형성하는 경향이 있었다. 예를 들어, 당시의 다른 지역과 마찬가지로, 미드베일의 노동자 대부분은 생산 단가에 따른 급여를 받았다. 다시 말해, 더 열심히 일할수록 더 많이 벌었다. 그러나 한도가 있었다. 상사가 보기에 노동자가 너무 많은 돈을 벌고 있다고 판단되면 즉시 단가를 깎았다. 모든 노동자가 2달러를 벌고 있는데 어떤 노동자만 3달러를 벌 정도로 더 열심히 일하고 있다면, 이는 다른 노동자들이 게으름을 피우고 있는 것이며, 단가가 너무 높게 책정된 탓에 노동자의 일할 의욕을 낮추고 있는 것이 분명하다는 것이다. 따라서 이러한 시스템에서 효율성은 생산 단가를 가능한 한 낮게 설정함으로써 성취할 수 있다. 이것은 노동자 입장에서 보면, 생산량을 제한하는 것이 중요하다는 것을 시사한다. 생산량이 너무 많으면 단가가 삭감되고 모두가 고생하게 될 것을 알고 있었다. 따라서 어느 노동자도 다른 노동자들보다 더 신속하게 일하는 상황이 벌어지지 않도록 온갖 종류의 압력과 설득이 이루어졌고, 이러한 관행 속에서 감독관으로서 현장 감독의 역할이 중요했다.[2]

현장 감독으로서 프레더릭 테일러의 개인적 목표는 이러한 관행을 바꾸는 일이었다. 전직 견습공이자 선반 기사로서, 테일러는 일반적으로 노동자들이 가능한 한 열심히 일하지 않는 방법을 통해 생산량을 제한하는 것을 알고 있었다. 현장 감독으로 승진된 후, 테일러는 그의 이전 동료들에게서 더 많은 노동을 이끌어내려고 했다. 테일러가 왜 그렇게 결심했는지는 확실하지 않다. 한편으로 그의 가족이 미드베일 경영진과 친했다는 사실이 중요한 요소가 되었을지도 모른다. 그의 가문과 사회적 위상의 측면에서 볼 때, 테일러는 노동자보다는 경영진 측에 가까웠기 때문에 회사 경영진의 편을 들었을지도 모른다. 다른 한편으로는 현장 감독으로의 빠른 승진이 계기가 되어, 자신의 감독하에 있는 노동자에게서 더 많은 작업을 이끌어 냄으로써 자신의 열정을 증명하고자 했을지도 모른다. 또 다른 한편으로는 테일러 자신이 노동자들을 더 열심히 일하게 만드는 일이 모든 사람에게 이로울 것이라고 순수하게 믿었기 때문일지도 모른다. 노동자가 돈을 더 많이 벌면, 경영진이 더 많은 수익을 올리고, 생산량은 증가하게 되며, 생활 수준은 개선되고, 실제로 사회는 전체적으로 이롭게 된다. 그 누가 이에 반대할 수 있을까?

처음에, 테일러는 자신의 예전 동료들(또는 그가 부르던 대로라면 '친구들')에게 더 열심히 일하라고 설득해보았지만, 효과가 없었다. 생산성이 증가하지 않는 이유가 노동자들의 기량 부족 때문일 수도 있지 않을까? 그 자신이 기계 기술자이자 선반 기사였기 때문에, 테일러는 예전 동료들에게 적절히 작업하는 방법도 보여주었다. 하지만, 역시 효과가 없었다. 그는 생산성이 떨어지는 노동자를 내보내고 다른 사람들을 고용했다. 하지만, 그 또한 허사였다. 마지막으로 테일러는 단가를 반으로 낮추었다. 이것이 효과가 있었다. 생산성도 올랐다. 그러나 작업장에서 벌어지는 사고의 수도 함께 증가했다. 거의 매일 발생하는 사고는 공장의 기계에도 피해를 주었고, 이것은 노동자들을 하는 일 없이 빈둥거리게 만들었다. 사람들은 이것이 "멍청한 현장 감독이 사람과 기계를 적절한 한도 이상으로 몰아붙였기 때문"이라고 말했다. 그러나 테일러는 이 사고들을 노동자들의 계획에 의한 것으로 의심했다. 그는 사고가 발생하면 기계 책임자가 수리 비용을 지불하거나 쫓겨나도록 하는 벌금 제도를 시행하게 했다.[3] 이 제도를 시행한 지 3년 만에, 테일러는 노동자들이 '공정한 1일의 작업량'을 완수하도록 만드는 데 성공했다. 하지만 예상할 수 있듯이, 자신의 예전 '친구들'과의 관계를 희생해야 했다. 미드베일 시절을 돌아보며 테일러는 이렇게 표현했다.

> 누구도 견뎌내기 힘든, 진저리 나는 생활이었다. 온종일, 어떤 노동자를 마주하게 되든 적개심으로 가득했고, 주위의 모두가 사실상 적이나 다름없었다.…… 나는 완전히 그 일을 그만두고 다른 일을 하거나, 이 참을 수 없는 상황에 대한 처방을 찾기로 결심했다.[4]

과학적 경영관리의 원칙

테일러가 30년 동안 여러 회사와 함께 일하면서 처방으로 개발해 낸 것은 결국 '과학적 경영관리'였다. 테일러는 타인에 매우 정중한 편은 아니었기 때문에 자신의 접근법이 다음과 같은 두 가지 가정에 근거하고 있다는 것을 굳이 숨기지 않았다. 첫 번째 가정은 노동자는 게으르다는 것이다.

> 최대한의 작업 성과를 내기 위해 전력을 기울이기보다는, 대부분 노동자는 자신에게 피해가 오지 않는 선에서 일부러 적게 일하려고 한다.…… 온종일 할 수 있는 만큼의 일을 하지 않으려고 일부러 천천히 일한다.…… 그것이 보편적인 현상이다.[5]

테일러의 두 번째 가정은 노동자는 어리석다는 것이다.

> 선철 다루는 일을 고정 직업으로 삼는 데 적합한 사람에게 요구되는 제일 첫 번째 조건 중 하나는 그 사람이 아주 아둔해서…… 그 사람의 정신 수준은 다른 어떤 종류도 아니고 딱 황소 정도면 된다.[5]

이것은 또한 노동자는 보통 자기의 일을 어떻게 하면 가장 잘할 수 있는지 판단할 능력이 없기 때문에, 결국 생산성을 더욱 상실하게 된다는 것을 시사하는 내용이기도 했다.

이 두 가지 문제는 그의 과학적 경영관리 시스템에 따라 다루어졌다. 게으름 문제는 복잡한 작업 단가 시스템을 고안하여 해결했는데, 열심히 일해서 일정한 최소 생산량을 달성한 노동자들에게는 다른 노동자들보다 높은 단가에 따라 보수를 지급하여 노동자들에게 열심히 일해야 할 강한 동기를 제공했다. 테일러에 따르면, 이렇게 함으로써 생산성이 향상되고 전체적인 급여도 상승했다. 적어도 생산성이 높은 '우수한' 노동자들의 경우는 그랬다. 한편 다른 노동자들은 대체로 이전보다 적게 벌게 되었다. 회사 경영진은 네 가지 기본 원칙에 주의를 기울여 어리석음 문제도 처리할 수 있었다.

1. **진정한 과학적 체계의 개발** 이는 일의 각 요소에 대해 '체계적인 방법'을 개발하는 일이었다. 경영진과 이들의 조력자들은 업무를 면밀히 검토하고, 복잡한 업무를 매우 작고 단순한 하위 업무로 세분했다. 가장 생산적인 노동자들이 어떻게 일하는지 연구하여, 업무를 수행하기 위한 단 하나의 최선의 방법이 결정되었다. 기타의 방법들

은 업무 수행에 덜 생산적이었기 때문에 차선책이었다. 이러한 방식으로 업무가 나누어지고 단순화되고 빼대만 추려져, 매우 효율적이고 신속하게 수행될 수 있는 아주 간단한 업무 세트가 구성되었다. 여기에다, 이러한 업무와 하위 업무들은 스톱워치로 시간을 측정하여 업무를 수행하는 데 필요한 시간이 설정되었는데, 이를 '시간 연구'라고 한다. 여기에는 노동자들에게 수시로 휴식 시간이 필요하다는 생각도 반영되었다. (당시로써는 신선한 발상이었다.) 이러한 정보를 기반으로 생산 분량에 따른 임금 제도가 수립되어, '공정한 1일의 작업량'에서 합리적으로 기대할 수 있는 생산량이 어느 정도인지 제시함과 동시에, 열심히 일할 동기를 제공했다. 더 나아가, 효율적 업무 수행을 위하여 노동자들이 최적의 상태로 업무 수행하기 용이하도록 해주는, 특정 과업을 위한 특수 제작 도구가 고안되었다.

2. **과학적 체계의 노동자 선발** 테일러 이전에, 노동자는 해당하는 일에 적합한지 아닌지보다는 흔히 인맥이나 사사로운 인정에 근거하여 고용되었다. 테일러는 현장 감독이 업무 능력에 근거하여 노동자를 고용해야 한다고 주

장했다. 예를 들어, 선철을 취급할 노동자는 신체적으로는 강하지만 정신적으로는 둔한 사람을 고용하는 것이 적합하다고 하면서, '이런 식으로 지루하게 반복되는 단조로운 작업'은 똑똑한 사람들의 수준에는 맞지 않을 것이라고 보았다.

3. **과학적 체계의 노동자 교육과 개발** 앞의 두 원칙을 적용한 후, 경영진은 원하는 대로 자유롭게 사용할 수 있는 표준화되고 과학적으로 최적화된 업무 세트를 확보하게 되었고, 이러한 업무를 수행할 단 하나의 최선의 방법을 알게 되었으며, 업무에 안성맞춤인 많은 노동자를 고용할 수 있게 되었다. 그러나 노동자 입장에서는 한 가지 최선의 업무 수행 방법에 익숙해져야 했다. 수행할 업무가 비교적 간단했기 때문에, 노동자의 교육은 신속하고 경제적으로 이루어질 수 있었으며 노동자들은 자신의 업무를 빠르고 효율적으로 할 수 있게 되었다.
4. **경영진과 노동자들 사이의 친밀하고 우호적인 협력 관계** '실제로 업무를 수행하는 데 가장 적합한 노동자는 이러한 과학을 제대로 이해하지 못하기' 때문에, 테일러는 노동자와 경영진 사이에 이전보다 훨씬 더 공평한 책임 분배

가 이루어져야 한다고 주장했다. 테일러 이전에는, 노동자들이 그들의 업무 수행과 생산성에 대한 책임을 졌다. 그러나 테일러는 당시 노동자들의 몫으로 남겨졌던 많은 부분의 일을 경영진이 도맡아야 한다고 제안했다. 실제로 이것이 의미하는 바는 경영진이 담당하는 업무의 '계획'과 노동자가 담당하는 업무의 '실행'이 분리되는 것이었다. (여기에서 계획은 업무 수행을 위한 '단 하나의 최선의 방법'을 정하는 일, 노동자들에게 업무 수행 방법을 교육하는 일, 단위당 보수를 결정하는 일이 포함된다.) 생산 과정의 최적화를 위해서는, 양쪽 당사자의 진정한 이익은 하나이며 동일하다는 점과, 이러한 이익은 양 당사자 모두가 함께 협력할 때 가장 잘 실현될 수 있다는 점을 깨달아야 한다. 다시 말해, 노동 불안은 결국에는 양쪽 모두에게 손해가 되기 때문에 피해야 한다.

과학적 경영관리 원칙에 따라 회사를 재정비하는 일은 새로운 임금 제도와 노동자의 업무에 대한 체계적 분석, 그 이상을 의미하는 것이었다. 가장 중요한 부분은 테일러가 조직의 관리 구조도 혁신했다는 점으로, 특히 막강한 권한을 가진 현장 감독의 역할에 초점을 두고 있었다. 테일러 이전에, 현장 감독은 많은 책임을 맡고 있었다. 여기에는 생산 과정 운영, 생산물의 품질 관리, 원가기록 보관, 직원의 고용과 해고, 기계에 따른 업무 절차 결정, 공급량 기록 등이 포함되었다. 확실히, 현장 감독이란 일은 여간 힘든 일이 아니었다. 테일러는 '종합직'의 현장 감독을 네 명의 '기능적' 현장 감독으로 대체했다. 속도 반장은 노동자들을 몰아붙이는 일을 담당했고, 작업 반장은 도구와 재료를 담당했고, 검사관은 생산품의 품질을 점검했고, 수리 반장은 기계 상태를 잘 유지하는 일을 담당했다. 이들은 다 함께 생산 과정의 순조롭고 효율적인 운영에 대한 책임을 맡았다. 더 나아가 테일러는 지적 작업이 이루어지는 기획 부서를 두도록 했다. (이것 또한 이전에는 현장 감독이 담당한 업무였다.) 이러한 작업에는 생산량에 따른 임금 시행, 생산 공정 흐름의 지시, 노동자의 제재, 상세 지시 카드를 준비해 노동자에게 작업 방법을 알려주는 일 등이 포함되었다. 이러한 혁신이 '생산자'인 생산 노동자와 '비생산자'인 기타 모든 직원 간의 비율을 더욱 악화시키기는 했지만, 그 의도는 생산 과정의 효율성을 증대시키는 데 있었다. 이에 더하여,

종합직 현장 감독의 책임, 기량, 지식을 다수의 기능적 현장 감독들에게 분배함으로써, 특정 부서를 운영하는 유일한 책임자로서의 종합직 현장 감독의 권한이 사라지게 되었다. 이제 이러한 권한은 기능적 현장 감독의 활동을 조율하는 고위 경영진의 몫이 되었다. 이렇게 하여, 강력한 하향식top-down의 조직 관리 체계가 탄생하게 된다.

과학적 경영관리 접근법의 심화

테일러는 자기 생각을 열심히 전파했다. 그는 미국 내 조직뿐만 아니라 해외의 조직을 망라한 많은 조직의 컨설턴트로 활동하며 일주일에 적게는 40명에서 많으면 50명의 사람들과 만났다. 모두 그의 방법론에 관심을 가진 사람들이었다. 테일러는 미국기계학회American Society of Mechanical Engineers와 같은 전문가 조직의 회의에서 논문을 낭독했다. 그는 다양한 매체를 통해 논문을 발표했으며, 1911년에 발표된 그의 주요 저작물인 『과학적 경영관리의 원칙The Principles of Scientific Management』은 곧이어 중국어, 네덜란드어,

독일어, 프랑스어, 이탈리아어, 러시아어로 번역되었다. 건강상의 이유로 주치의가 일하는 시간을 하루 최대 2.5시간으로 제한하라고 조언한 이후에도, 테일러는 박슬리에서 매주 전문가 수업을 열었다. 초대받은 수업 참가자들인 정치인, 경영 연구원 및 컨설턴트, 사업가 등은 아침에 와서 종이와 펜을 받는다. 오후에 이어질 2시간의 강연 동안 메모를 하기 위한 것이다. 강연에서 테일러는 자신의 과학적 경영관리 체제에 대해 자세히 설명했다.[6] 강연의 내용과 수업 방식과 관련해서, 이러한 모임에 정기적으로 참여했던 사람 중 하나인 릴리안 몰러 길브레스Lilian Moller Gilbreth는 이렇게 말했다. "매번 사실상 똑같은 강연이 이어지는 것 같다…… 예로 드는 그림만 달라질 뿐."[7] 이러한 노력 덕분에 헌신적인 추종자 집단이 만들어져, 이들은 1912년에 일명 테일러 소사이어티Taylor Society를 결성하기 이르렀고, 1915년 테일러 사후에도 모임을 지속했다. 1925년에는 회원수가 800여 명으로 증가했으며, 많은 수의 회원들은 경영 컨설턴트 (비록 당시에 이 용어가 사용되지는 않았지만) 활동을 하며, 조직의 생산 과정을 체계화할 수 있는 최선의 방법과 관련하여 테일러의 아이디어를 널리 전파했다.

테일러 소사이어티에서 가장 저명하고 혁신적인 회원에는 릴리안 몰러 길브레스와 그녀의 남편, 프랭크 벙커 길브레스Frank Bunker Gilbreth가 있었다. 프랭크 길브레스는 1885년 17세에 벽돌공의 견습공이 되었다. 노련한 벽돌공들이 각자 다른 동작으로 일한다는 점을 인식한 후, 테일러의 저작물을 접하기도 전에 프랭크 길브레스는 최적의 벽돌 쌓기 방법을 찾는 데 관심을 두기 시작했다. 나중에 테일러가 감사해하며 아래와 같이 요약했다.

> 길브레스는 과학적 경영관리의 원칙을 벽돌 쌓기 기술에 적용하기로 결심했다. 그는…… 불필요한 움직임을 제거하고, 느린 동작을 빠른 동작으로 대체했다.…… 그는 모르타르 상자와 벽돌 더미를 위한 최적의 높이를 연구한 다음, 비계를 설계하여 그 위에 테이블을 올려놓고, 테이블에 모든 재료를 배치해 놓아, 벽돌, 모르타르, 노동자, 벽이 상대적으로 적절한 위치를 유지할 수 있도록 했다. 비계는 벽의 높이가 올라감에 따라 조정된다.…… 이러한 모든 세심한 연구를 통하여…… 길브레스는 자신의 동작을 벽돌 한 장당 18개의 동작에서 5개 동작으로 줄였다.

확실히, 벽돌 쌓기 작업의 재설계로 프로젝트 완수에 필요한 시간을 현격히 줄일 수 있었다. 길브레스는 1895년에 자신의 성공적인 건설업체를 세웠으며, '작업을 신속히'라는 인상적인 회사 구호도 정했다. 1903년에 길브레스는, 캘리포니아 대학에서 영문학을 전공하고 떠오르는 학문 분야인 심리학에 깊은 관심이 있었던 릴리안 몰러를 만나, 일 년 후에 결혼했다. 1911년에서 1912년 겨울로 이어지는 기간 동안 건설 경기 침체로 인하여 자신의 업체가 파산할 수도 있다는 사실을 직면하고, 프랭크 길브레스는 새로이 경영 컨설턴트가 되기로 결심했다. 릴리안은 남편의 컨설팅 회사에서 시스템 관리자가 되었다. 길브레스 부부는 책을 쓰고 글을 기고하고 강연과 교육을 하는 등 함께 왕성한 활동을 펼치며 과학적 산업 경영관리라는 새로운 분야의 선두주자가 되었다.[8]

릴리안 길브레스는 1911년에 학위 논문을 완성했지만 박사 학위 취득을 위한 거주 요건을 충족하지 못해 학위를 받지 못했다. 이 논문은 1914년에 『경영관리의 심리학The Psychology of Management』이라는 제목으로 출판되었는데, 아마도 과학적 경영관리의 심리적 측면을 다룬 최초의 책일 것이다. 이 책에서 릴리안 길브레스는 이러한 접근법에 대한 자신의 견해를 피력하면서, '경제 단위로서뿐만 아니라, 인격체로서도 개인을 인식'하는 관점에 바탕을 두었다. 그리고 과학적 경영관리가 노동자의 신체적, 정신적, 도덕적 '후생welfare'에 미치는 영향을 비롯한, 인간적 요소를 경영관리에 포함시킬 필요가 있다고 강조했다.[9] 여기에 더해, 릴리안 길브레스의 책에서는 자신의 남편과 함께 개발한 '시간 및 동작 접근법'도 논하고 있는데, 이것은 신기술로 가능해진 새로운 기회들을 가지고 테일러의 시간 연구법을 더욱 확장한 것이다. 테일러의 방법에서는 스톱워치를 사용하여 노동자의 동작에 소요되는 시간을 측정했던 반면, 동작 분석에서는 가로로 나누어진 화면을 배경으로 노동자의 활동이 '촬영'되는 동안, 카메라의 가시범위 내에서 크로노미터(온도, 기압, 습도 따위의 영향을 거의 받지 않는 정밀도가 높은 시계 – 옮긴이 주)가 시간을 측정했다. 이러한 방식으로, 어떻게 일을 하고, 또 어떻게 개선될 수 있는지를 보여주는 시각적 기록을 얻었다. 더 나아가, 서로 다른 업무 수행 방식을 분석하고 비교함으로써, 이 접근법에서 최적의 동작들로 구성된 조합을 만들어 낼 수 있었으며, 이는 최상의 표준화된 업무 방식을 만들어 내기 위한 것이었다. 예를 들어, 길브레스 부부는 수술할 때의 동작을 연구하기 위해 이러한 방법을 사용했다. 불필요한 동작을 생략해서 작업의 효율성을 높이고 피로도를 줄일 수 있을지 살펴보기 위하여 외과 의사의 움직임을 분석했다. 이들이 내린 결론 중 하나는, 수술실 간호사가 효율성을 향상시킬 수 있다는 점이었다. 외과 의사들은 수술하고 있는 동안 실제 수술을 하는 것보다 수술 도구를 찾는 데 더 많은 시간을 소비하고 있었다. 따라서 길브레스 부부는 외과 의사들이 사용할 도구를 찾는 데 들이는 시간을 최소화할 수 있도록 간호사들이 수술 도구를 규칙적이고 일관된 패턴으로 정리해서 배치해 두어야 한다고 조언했다. 이처럼 의사와 간호사의 업무를 정렬시키는 일은 수술 과정의 효율성을 개선하는 열쇠였으며, 그 사실은 지금도 마찬가지다.[10]

테일러에게는, 자신의 과학적 경영관리 접근법을 확장한 이러한 연구, 혁신, 개선들이 별 의미가 없었다. 테일러는 동작 연구의 가치를 인정하기는 했지만, 자신의 시간 연구 접근법의 부수적 연구 정도로 생각했으며 프랭크 길브레스의 시간 연구를 크게 진일보한 것이라고 여기지 않았다. 테일러에게선, 노동자의 요구, 인격, 오늘날 우리가 건강과 웰빙이라고 말하는 후생에 대한 길브레스 부부의 집중된 관심 같은 것은 찾아볼 수 없었다. 테일러는 노동자가 일하는 동기를 오로지 임금의 문제로만 바라보는 지나치게 단순한 견해를 고집하고 있었기 때문이다. 반면, 길브레스 부부는 테일러의 발상이 성공적으로 이행되기 위해서는 엔지니어와 심리학자 모두의 부단한 노력이 이어져야 한다고 보았으며, 테일러식의 과학적 경영관리에는 생산현장에서 인적 요소를 관리하는 데 결함이 있다고 확신했다.[11] 1914년에 프랭크 길브레스가 뉴저지 본사의 손수건 제조업체 허먼-어캄Herman-Aukam과 계약을 처리하고 사주들의 불만을 산 일이 있고 난 뒤, 길브레스 부부는 테일러와 관계를 단절했다. 사주들이 테일러를 찾아와 길브레스가 일하는 방식과 속도에 대해 불만을 표출하자, 테일러가 길브레스의 일을 마무리 지을 적임자로, 보다 자신의 정통 이론에 충실했던 문하생 중 한 명을 추천했기 때문이었다.

테일러와 갈라선 뒤, 길브레스 부부는 계속해서 자신들만의 과학적 경영관리법을 만들어가며, 자신들의 접근법이 인간적 요소에 보다 중점을 두었다는 점을 열정적으로 홍보했다. 릴리안 길브레스는 1915년에 심리학 박사 학위를 취득했고, 프랭크 길브레스는 자신들의 생각을 전파하는 데 필요한 지적 작업을 수행하기 위해 전적으로 아내에게 의지했다. 중요한 사실은, 이 과정에서 연속적으로 논문들이 쏟아져 나왔다는 점이다. 이러한 논문에서 릴리안은 동작 연구가 어느 일에서든 비롯되는 피로를 정확하게 판단하여, 편리한 작업대를 설계하고, 의자를 비치하고, 휴식과 회복의 기회를 제공하는 등의 방법을 통해, 피로를 유발하는 불필요한 것을 제거해 나가는 것에 목적을 두고 있다고 주장했다. 동작 연구는 이러한 방식으로 효율성을 개선하고, 아울러 피로 수준을 낮춤으로써 노동자들에게도 분명히 실제적인 이익을 줄 수 있는 것으로 소개되었다. 그뿐만 아니라, 공장에 처음 들어올 때 피로도를 조사하고, 서 있기와 몸 뻗기 등의 피로 유발 동작에 대해 빠른 해결책을 제공하고, 조직 개편 과정의 진행 상황에 대해 공개 토론회를 열자, 생산 현장에서 동작 연구를 비롯한 과학적 경영관리법을 채택하는 사례가 점점 늘어났다.

프랭크가 1924년에 갑자기 사망한 후에도 릴리안은 가업을 계속 이어나갔다. 그녀는 1930년대에서 1950년대에 걸쳐 후버, 아이젠하워, 트루먼 행정부에 자문을 제공했고, 1935년에는 퍼듀 대학교의 최초 여성 경영학 종신 교수가 되었다. 대학에서 릴리안은 작업장과 주방을 위한 최적의 설계에 초점을 맞추었고, 오늘날 사용되는 L자형 및 U자형 주방 배치 설계에 있어 중요한 인물이 되었다. 설계의 목표는 발을 움직이지 않거나 조금만 움직이고도 요리할 수 있는, 빈틈없는 동선을 만드는 것이었다. 또한 릴리안은 발페달 쓰레기통과, 이제는 필수가 된 달걀 보관통을 비롯하여 냉장고 문 내부 선반을 발명한 것으로 여겨지며, 전기 깡통따개 같은 주방용품의 혁신과 관련한 특허들도 신청했다. 그리하여 릴리안 길브레스는 인체 공학과 경영학 양 분야의 개척자로 여겨진다. 가업 활동 외에 12명의 자녀를 둔 어머니이기도 했던 릴리안은 바쁜 삶을 보내다 1968년 89세의 나이에 은퇴하고 1972년에 세상을 떠났다.

과학적 경영관리법에 대한 비판

과학적 경영관리법은 여러 가지 이유로 자주 비판을 받았다. 첫 번째 비판은 도덕적, 정치적 문제들과 관련해서이다. 작업이 단순화되었기 때문에, 생산 현장의 노동자들은 자긍심, 기술, 능력을 상실했다고 느꼈다. 어떤 의미에서, 테일러의 개혁은 노동자로부터 지식은 물론 힘까지 빼앗아 경영진으로 이전시키는 효과가 있다. 이전에 숙련 노동자들이 좋은 보수를 받으며 했던 일을, 이제는 훨씬 값싸고 쉽게 대체 가능한 비숙련 노동자가 훈련을 받아 그 일을 할 수 있게 된 것이다. 이렇게 되면 확실히 노동자들이 협상을 할 때 그들의 입지가 좁아진다.

두 번째 비판은 테일러식의 일, 다시 말해 단순화되고, 반복적이며, 노력 집약적이며, 저숙련형의, 낮은 두뇌 활동이 요구되며, 자유가 적은 작업은 노동자들에게 특별히 동기 부여를 하지 못했다는 점이다. 기본적으로 이러한 테일러식의 일은 "개별적인 특성을 모두 상실하였고, 이에 따라 노동자가 가진 모든 매력도 사라졌다"는 마르크스와 엥겔스의 비판 내용에 해당한다. 이 점을 부정하기는 힘들지만, 테일러 입장을 조금 옹호해 본다면, 그는 과학적 경영관리하에 노동자들이 일을 더 즐거워하고 이전보다 도전의식을 불태우게 될 것이라고 주장한 적은 없다. 다만 더 많이 벌 수 있다고 했을 뿐이다.

세 번째로, 과학적 경영관리법은 그 원칙의 적용으로 기대했던 긍정적인 영향을 주지 못했다는 이유로 비판을 받았다. 예를 들어, 그의 대표작 『과학적 경영관리의 원칙』에서 테일러는 생산성과 효율성에 대한 과학적 경영관리법의 긍정적 효과를 지나치게 과장했다. 책에서 제시한 적용 사례는 사실이기보다는 소설에 가까울 정도였다.[12] 그러나 이러한 특정 사례들이 타당하지 않은 면이 있기는 하지만, 과학적 경영관리 원칙을 적용해서 성공을 거둔 경우가 많다는 점은 분명하며, 결국 이 원칙들은 널리 수용되기에 이르렀다. 이런 점에서, 테일러가 자신의 아이디어를 옹호하기 위해 증거 일부를 조작했다는 사실은 그의 접근법이 갖는 가치와는 별개의 문제이다.

마지막 비판으로, 과학적 경영관리의 원칙은 오늘날의 기준으로 보면 이미 한물간 것일 수 있다는 점이다. 테일러와 그의 동료들이 그들의 원칙을 개발한 것이 벌써 백 년도 더 전이다. 그때는 삽질이나 벽돌 쌓기 같은 신체적으로 힘든 육체노동과 관련된 블루칼라 직업이 보편적이던 시절이었다. 이제는 정반대로, 날로 증가하고 있는 정보통신 기술의 사용 같은 경제 및 기술 발전으로 인하여, 오늘날 많은 사람들은 사무실에서 근무하는 전문직, 관리직 또는 행정직의 업무를 수행하는 깔끔한 화이트칼라나 서비스, 고객 응대, 엔터테인먼트 또는 영업 업무를 수행하는 핑크칼라 직업에 종사하고 있다. 과학적 경영관리 원칙이 오늘날의 직업에도 의미가 있을까?

확실히, 과학적 경영관리법이 처음 생겨난 계기가 되었던 직업들과 오늘날 우리 사회의 직업들 사이에는 상당한 차이점이 있다. 그러나, 과학적 경영관리법의 원칙이 이러한 직업들에 적용되지 않는다는 의미는 아니다. 한편으로, 일반화된 형태에서 과학적 경영관리법의 중심 개념은 오늘날에도 상당히 설득력 있고 적절하며, 거의 모든 작업 상황에서 인정된다. 이러한 중심 개념에는 생산성과 효율성에 대한 강한 갈망, 업무 수행에 최상의 방법과 과정을 정하기 위한 체계적 분석의 사용, 과학적으로 증명된 방법을 이용한 노동자의 선발·훈련·개발, 표준화된 과정과 도구의 개발, 특정 작업과 목표의 설정, 노동자와 경영진이 공동의 이해를 가지고 있으며 생산 과정을 최적화하기 위해 협력해야 한다는 발상, 직원이 목표를 달성하면 미리 정해진 인센티브 제도에 근거하여 직원에게 보상하기 등이 있다.[13] 사실, 누군가는 이러한 개념들이 이제는 너무나 자연스럽게 받아들여지고 광범위하게 퍼져 있어 당연하게 여기는 경향이 있다고 주장할지 모른다. 이제는 어떻게, 그리고 심지어는 왜 다른 방식으로 해야 하는지조차 이해가 쉽지 않을 정도이다. 계획과 실행을 구분한 것은 더 많은 비판을 받았고, 이를 대신하기 위한 다양한 대안적 접근법이 모색되었다(3장과 4장 참고). 그러나 그렇다고 하더라도, 이 원칙은 현대의 조직에서도 엄연히 건재하고 있다. 테일러가 제안한 것 같이 늘 엄격하고 체계적인 것은 아니더라도, 의사 결정의 책임과 기회가 계층에 따라 구분되는 경향은 현대 조직에서도 그대로이기 때문이다.

다른 한편에서 보면, 새로운 기술의 도입으로 계획과 실행의 구분이 더욱 명확해졌다. 일은 더 크게 두 개의 흐름으로 나뉘고 있다. 다시 말해, 위에서는 전문적인 계획 행위, 기획과 분석 작업 등이 이루어지고, 아래에서는 기술력이 필요 없이 계획을 실행하여, 밑에서 일하는 사람들은 점점 더 커다란 기계의 톱니처럼 기능하고 자주 그렇게 느끼기도 한다. 테일러와 그의 제자들이 지금 시대를 살고 있다면, 정보통신기술을 통해 작업을 단순화하고 통제를 더욱 강화할 가능성을 환영하고 적극적으로 활용했을 것이며, 블루칼라 직종의 노동자만이 아니라, 분명 화이트 및 핑크칼라 직종에 종사하는 사람을 관리하기 위해서도 그랬을 것이다.[14] 이런 면에서 현대 기술은 사회가 점점 더 과학적 경영관리 원칙에 근거하여 체계화되는 데 큰 역할을 해왔으며, 앞으로도 계속해서 그럴 것이 확실하다.

과학적 경영관리의 유효성

산업 혁명의 도래와 더불어 시작된 일의 합리적 개선은 계속 진행 중이며, 지금까지도 결코 완성되었다고 볼 수 없다. 테일러나 길브레스 부부가 이러한 국면을 시작하고 주도한 것은 아니다. 1913년 헨리 포드의 컨베이어 벨트 조립 라인의 도입 같은 유명한 사건을 비롯하여, 당시 전개된 다른 많은 사건들이 이들의 노력과 같은 시기에 일어나거나 뒤따라 일어났다. 다시 말해, '노동'의 규칙화, 표준화, 단순화에 중점을 둔 과학적 경영관리 원칙과 '상품'도 표준화될 수 있다는 생각이 결합함으로써 저비용으로 제품의 대량 생산이 가능해졌다.

그렇다 해도 테일러와 동료들은 산업시대에 노동을 조직하기 위한 가장 좋은 방법을 체계적으로 연구한 최초의 인물들이었다. 그들은 신기술과 당시 등장하고 있던 조직 과학, 인체 공학, 산업 심리와 같은 새로운 학문에서 얻을 수 있는 통찰력을 이용하고 해석하고 결합하여, 조직과 노동자뿐만 아니라 사회 전체에도 이득을 안겨줄 것으로 기대되는 노동 환경을 만들어 내고자 했다. 본질적으로, 이들의 노력은 노동자들이 더욱 열심히, 신속하게 일해서 더 나은 성과를 거두고, 경쟁자들보다 더 효율적이고 그로 인해 더욱 성공적으로 경쟁할 수 있는 더 강한 조직을 만드는 데 방향을 맞추고 있었다. 확실히, 이들의 발상은 우리가 현재 일하는 방식에 중대한 영향을 미쳤다. 이는 지금도 마찬가지이며, 현재 노동의 많은 측면에서 이들의 발상을 쉽게 찾아볼 수 있다.

하지만 이들의 이론이 노동자의 생산성을 높이는 데 효과적이었을까? 너무 범위가 넓은 질문이라 대답하기 어렵고 심지어는 흥미롭지 않을 수도 있다. 테일러가 규정한 원칙 중 일부, 예를 들어, 노동자와 경영진의 이익이 실제로는 동일하다는 원칙은 검증 가능한 가설이라기보다는, 동의할 수도, 동의하지 않을 수도 있는 정치적 원리로 보는 것이 가장 적절할 것이다. 그 밖의 원칙들은 너무나 명확해 보이기 때문에 엄격한 실증 연구는 필요가 없다. 특정 작업을 위해 적절히 설계된 도구를 이용하면 작업을 가장 잘 수행할 수 있다거나, 수술 도구가 잘 체계화되어 유지되면 외과 의사가 더욱 효율적으로 수술을 시행할 수 있다거나, 어떤 작업을 수행할 방법이 한 가지가 아니라 여러 가지가 있다면 최선의 방식을 모색하는 것이 효율적이라든가 등은 사실 말할 필요도 없이 분명한 것이다. 결론적으로 말해, 테일러와 길브레스 부부, 그 밖의 사람들이 했던 실험들은 각종 오류와 조작으로 인해, 기껏해야 불확실하다고 평가할 수 있다. 따라서 이들의 실험은 오늘날 일의 설계에 있어 크게 유의미하다고 보기 어려울 것이다.

그러나, 지난 수십 년 동안, 과학적 경영관리 원칙을 어느 정도 평가할 수 있는 많은 적절한 지식들이 쏟아졌다. 예를 들어, 테일러는 특정 업무에 적합한 노동자를 체계적으로 선발하고 훈련해야 한다고 주장했는데, 이것은 이후에 조직의 인사 부서로 알려진 영역이 만들어지는 계기가 되었다. 하지만 인격, 지성, 숙련성의 관점에서 신중하게 '노동자를 선택'하는 것이 과연 노동 성과의 향상으로 이어지는 것일까, 아니면 성과에는 별다른 효과가 없는 일종의 의례적 절차일까? 이에 대해서는 5장의 주제로 다룰 것이다. 테일러와 이후의 릴리안 길브레스는 일에는 '휴식과 회복'을 위한 충분한 기회가 주어져야 한다는 생각에 일조한 것으로 인정된다. 하지만, 일에 휴식을 도입함으로써 노동 성과와 노동자의 웰빙이 실제로 개선될까(6장)? 이런 사안들을 살펴보기 전에, 다음 장에서는 업무 조건 특히, '인센티브 제도'와 어떤 직무에서 '계획과 실행이 분리된 정도'가 노동자의 동기 부여, 웰빙 그리고 성과에 영향을 준다는 테일러의 주요 가정을 다룬다.

03

사람, 우리가 알고 있는 사람

1926년 겨울, 일리노이주 시세로의 어느 월요일 아침. 서부 전기 회사Western Electric Company의 거대한 호손Hawthorne 공장의 작업실 창문이 햇빛을 차단하기 위해 검은색 테이프로 가려져 있다. 일하러 들어오는 소녀들은 방안의 조명이 이상하다는 것을 눈치챈다. 주말 동안 전구가 교체되어 빛의 밝기는 이제는 촛불 2개를 켠 정도밖에 되지 않는다. 소녀들은 할 일이 있다. 전화 교환기에 쓸 나무 감개에 작은 유도 코일을 감아야 한다. 하지만 조명 사정이 좋지 않아서, 여공들은 하나도 보이지가 않아 자신들이 무엇을 하고 있는지 모르겠다고 불평한다.[1] 회사 경영진은 직원들이 열심히 일할 수 있는 것을 왜 방해한 것일까?

노동 생산성 증진을 위한 심리학적 접근법을 향하여

1900년에서 1920년대의 기간 동안, 조직은 노동 생산성을 향상시키기 위한 방법에 더욱 관심을 갖게 되었다. 프레더릭 테일러와 그의 제자들이 홍보한 아이디어들이 국내외에서 유행하였고, 회사들은 생산량을 증가시키고, 경쟁력을 높이고 궁극적으로 이윤을 증대시키기 위한 방법을 미친 듯이 모색했다. 그리고 산업계, 대학, 정부의 협력관계를 통해 생산성에 관한 연구가 가능해졌다. 1920년대와 1930년대 초에 미국 국립 연구 회의National Research Council의 제안에 따라, 서부 전기 회사는 일련의 고전적인 행동 실험을 했는데, 여기서 조명, 임금 인센티브, 중간 휴식, 노동 시간 등의 노동 조건이 노동 생산성에 미치는 영향이 연구되었다. 오늘날 통틀어 '호손 연구'로 알려진 이 실험의 결과는 다음 두 가지 이유로 매우 흥미로우며, 지금까지도 활발히 논의의 대상이 되고 있다.

첫째, 호손 연구의 결과는 아직 확정적이지 않다는 것이 현재 다수의 의견이다. 예를 들어, 앞서 언급한 '조명 실험'이 생산성은 조명의 정도와 상관없이 증가함을 보여주는 증거라는 일반적인 믿음은 원래 데이터를 재분석하니, 신빙성이 없는 것으로 드러났다.[2] 1927년에 시작된 이른바 '교대 조립실relay assembly room'에서 이루어진 일련의 실험에서는, 다른 횟수와 길이의 휴식 시간, 노동 시간의 단축, 임금 인센티브 부여 등의 업무 조건이, 한 번에 하나씩 변경되었다. 흥미롭게도 각각의 변화가 나타날 때마다, 생산성이 증가했다. 그러나 실험 12주차에 업무 조건이 원래의 수준으로 되돌아갔을 때도, 생산성은 마찬가지로 계속해서 증가했다. 이 프로그램을 이끌었던 엘턴 메이오Elton Mayo 교수는 실험 중 노동자들이 업무 조건의 변화와 관련하여 상담을 받은 것이 원인이라고 판단했다.

> 그들은 경영진에게 자유롭게 생각과 감정을 표현할 수 있는 시점에 도달했다…… 여섯 명의 노동자는 한 팀을 이루었고 그 팀은 자발적으로 실험에 협력했다.[3]

메이오 교수는 업무 조건의 조절은 상대적으로 중요하지 않으며, 중요한 것은 사회적 맥락이라고 생각했다. 마음자세, 적절한 감독, 그룹 내에서 경험한 비공식적 사회관계와 업무 현장에서 채택되는 결정에 대한 노동자의 참여 여부가 생산성과 업무 만족도의 열쇠라는 것이다. 하지만 이러한 견해를 비판하는 사람들은 그러한 결론은 자료를 통해 입증된 사실이 아니라고 지적하며, 생산성 수준이 높아진 것은 여러 다른 요소에 기인한 것이라고 주장했다. 예를 들어, 처음에 실험에 포함되었던 여성 두 명이 '적대적'이 되어 점점 과격한 '볼셰비키'로 변했다는 이유로 실험 도중에 생산성이 더 높은 동료로 대체되었다는 점이다. "그 팀은 자발적으로 실험에 협력했다"는 메이오의 표현도 자료를 다시 면밀히 해석해 볼 필요가 분명히 있다. 호손 실험이 현재 기준에 부합하지 않는 것은 분명하다. 또한 실험의 주된 결론인, 일의 생산성은 프레더릭 테일러 같은 사람들이 고안한 일종의 복잡한 인센티브 제도의 결과물인 것만이 아니라 (또한 이것이 주된 것이 아닐 뿐만 아니라) 사회적 요소도 중요하다는 주장 또한 인정되지 않는다.

둘째, 아마도 더 중요한 점은, 호손 실험이 우리가 노동자와 이들이 종사하는 조직을 바라보는 방식을 완전히 바꿔 놓았다는 것이다. 호손 실험에서 사용된 전제와 접근법, 결론에는 오류가 있을지 모르지만, 흠이 있는 통찰력이나 생각도 파급 효과 면에서는 상당히 유의미할 수 있다. 호손 연구는 오늘날의 '인간관계 운동'을 뒷받침해주었으며, 피고용인과 고용자의 관계에 지대한 영향을 주었고, 현대의 조직 행동, 산업 심리 학문 분야의 출발이 되었다. 이런 면에서, 호손 실험은 조직의 생산성 증가를 위한 최상의 방법에 대한 테일러식의 지나치게 단순한 관념에서, 노동 생산성 증진을 위한 보다 사회 심리학적인 접근법으로의 이행이 이루어지는 계기가 되었다. 그래서, 호손 연구의 가치는 연구의 결과에 있는 것이 아니라는 주장이 있는 것이다. 호손 연구의 가치는 새로운 생각과 질문, 가설들을 만들어 냈다는 점에 있고, 일반적 관점에서는 노동의 동기 부여, 관리 감독, 일터에서의 사회적 관계와 의사 결정의 연관성, 특정하게는 업무 만족도와 업무 성과 사이의 연관성에 대한 여러 생각이 제시되었다.[4]

물론, 이론적으로 흥미로운 질문들이 생겨나는 것은 바람직하다. 그러나 1930년대 이후 이루어진 이 연구가 노동자에게 동기를 부여하는 방법이나 생산성을 증대시킬 방법 같은 질문에 실제적이고 유용한 '해답'도 제공해주었을까?

금전적 인센티브가 노동 성과를 개선하는가?

적절한 인센티브로 동기 부여가 되면 노동자들이 더욱 열심히 일해서 생산성이 올라갈 것이라는 생각은 오래전에 나왔다. 프레더릭 테일러에 따르면, 노동 생산성을 높이기 위한 가장 중요한 조치 중 하나는 생산량에 따른 임금제를 도입해 노동자가 생산량을 증가시킬 때 점진적으로 더 높은 보수를 주는 것이다. 두 배로 열심히 일하면 이에 따라 보수도 두 배 이상 받게 되므로, 노동자가 업무에 기울이는 노력을 증가시킬 강한 동기가 된다. 이러한 전략의 배경은 말보다는 돈이 더 설득력 있다는 생각이다. 일에 들이는 시간에 근거하기보다는 결과에 근거하여 직원에게 보상함으로써, 회사 차원에서는 직원들이 긴장을 늦추지 않게 관리할 수 있다.

생산량에 따른 임금 제도를 옹호하는 사람들은 이러한

임금제 도입으로 조직이 적어도 세 가지 이점을 갖게 될 것이라고 주장한다. 첫째, 노동자들이 자신의 생산량에 근거하여 임금을 받기 때문에, 효율적이고 신속하게 일하지 않으면 곧장 수입 손실로 이어진다. 따라서 노동자들은, 심지어 지속적인 감독을 받지 않고도 열심히 일할 것이다. 둘째, 노동자들은 고용주가 지시한 '단 하나의 최선의 방법'을 넘어, 자신의 업무를 혁신적이고 보다 효율적으로 일할 수 있는 방법을 찾고자 의욕에 넘치게 될 것이다. 이렇게 되면, 노동자들은 더 많이 생산하고 더 많이 벌게 되고, 조직은 노동 생산성 향상뿐만 아니라 노동자들이 업무 수행을 위해 더 좋은 방법을 개발하는 과정에서 발휘되는 창의성을 통해서도 이익을 얻게 된다. 셋째, 노동자들이 더욱 생산적이 되었기 때문에 완성된 생산품의 수도 늘어난다. 이는 조직 차원에서, 규모의 경제의 이점을 누리고 한층 강화된 효율성과 이윤을 갖는 방향으로 이어질 것이다. 예를 들어, 공장 임차료와 보험료 같은 고정간접비를 많은 수의 생산품으로 상쇄할 수 있게 되어, 제품 가격이 떨어지고 그로 인해 판매량은 증가할 것이다. 경제적 관점에서 볼 때 이것은 소비자, 사회, 조직에도 마찬가지로 이득이 된다.

(물론 환경론자는 동의하지 않을 수도 있다.)

이러한 추론과 맥을 같이하여, 학술문헌에는 조직의 생산량에 따른 임금제 도입이 더 높은 노동 생산성과 관련이 있음을 보여주는 각종 실험, 사례연구, 일화적 증거가 풍부하게 실려있다. 그러나 다른 한쪽에서는, 생산성은 높아질지 모르지만 이것이 곧 조직의 이익과 효율성의 증가로 이어지지는 않는다는 해석도 있다. 또 다른 연구에서는 생산량에 따른 임금제 도입과 업무 성과 간에 중요한 상관관계가 있다는 통계는 없다고 보고한다. 이렇게 제각각의, 때로는 상반되는 증거를 이해하기 위해 이 분야 연구자들은 자료를 재검토하고 메타 분석을 시행하고, 관심 사안에 대한 수많은 기존 경험적 연구들의 결과를 주제로 토론을 벌이고 이를 통합한다. 이러한 접근법의 장점은 한 가지 연구를 자세히 들여다보기보다는, 특정 사안과 관련된 연구 결과물에 대해 확고하고 전체적인 인상을 얻을 수 있다는 점이다.

예를 들어, 금전적 인센티브 제공과 업무 성과의 양, 다시 말해 생산량 간의 연관성을 다룬 39건의 연구에 대한 재검토 연구를 통하여, 금전적 인센티브 제공이 정말로 높은 성과와 관련이 있음을 발견했다.[5] 이 재검토 연구에 따르면, 노동자의 성과에 대해 인센티브를 제공하거나 제공하지 않는 보상 방식은 노동자들 간에 성과의 차이를 보이는 이유 중의 대략 11%를 차지하는 것으로 나타났다. 현장 연구, 즉 대학교 연구실에서 수행된 연구나 실험적 시뮬레이션 연구가 아닌 실생활 현장에서 수행된 연구에만 초점을 두었을 때, 이 숫자는 21%로 증가했다. 비록 이것이 결국 성과에 있어 개인 간의 79%의 차이는 보상 제도로 '설명되지 않는' 것이므로 비교적 크지 않은 수치이기는 하지만, 그 정도의 효과는 오늘날과 같이 세계화되고 경쟁이 첨예한 세상에서는 분명 유의미하다. 이러한 결론은 보다 최근의 재검토 연구를 통해 입증되었는데, 이 연구에서는 생산량에 따른 임금 제도에서 일괄적인 시간당 급여 제도로 변경했거나 그 반대의 경우 등, 보상 시스템을 변경한 업무 현장 연구에 전적으로 초점을 맞추었다. 기본적으로 연구의 결론은 이것이었다. '노동자에게 생산량에 따라 보상하면, 그들은 생산한다.'[6]

금전적 인센티브 제공의 한계는 무엇인가?

대체적으로, 현재의 증거들이 노동자에게 금전적 인센티브를 제공하면 생산성이 증가한다는 생각을 뒷받침한다는 점에는 의심의 여지가 별로 없다. 그런데 왜 20세기에 들어, 적어도 선진국에서는 생산량에 따른 임금 제도가 '쇠락'의 길을 걸었던 것일까?[7] 이 질문에 대한 대답의 일부는 다음의 사실에서 찾을 수 있을 것이다. 프레더릭 테일러와 그의 동료들이 고안한, 생산량에 따른 임금 제도는 고용주에게 유리할 뿐만 아니라 가혹하고 비인간적이라는 인식이 팽배해 있었기 때문에, 노동자와 노동자 대표들로부터 많은 저항을 받았다. 이에 따라 노동조합은 자신들이 일하는 조직보다는 노동자에게 유리한 시간 기준 보상 제도, 다시 말해 노동자들이 업무에 들인 시간에 근거하여 보수를 지급하는 봉급 제도를 도입하고 유지하려 했다. 또 다른 대답 일부는 이런 사실에 있을지도 모른다. 금전적 인센티브의 효과에 대한 많은 연구는 현대 경제 대부분의 일에 비해 단순한 작업에 초점을 맞추었다. 예를 들어, 호손 공장에서 복잡하지 않고, 반복적인 유도 감개를 조립하는 육체 노동은 1분이면 할 수 있다. 이들 조립 노동자들이 조금만 더 열심히 일한다면, 각 노동자가 생산하는 유도 감개의 수가 증가하는 것을 쉽게 관찰할 수 있을 것이다. 이것을 가령, 유치원 교사, 중간 관리자 또는 간호사의 업무 성과와 비교해 보자. 이 사람들이 생산량에 따른 임금 제도에 근거하여 보수를 받는다면 이들의 업무 성과가 향상될 가능성이 있을까? 이들의 업무 성과 중 어느 부분에 대해 보상이 이루어져야 할까? 그리고 이 경우에 개별 노동자들에게 명확하게 업무가 할당될 수 있을까, 아니면 우리는 지금 팀 차원의 업무 성과를 말하고 있는 것일까? 분명, 오늘날 업무에 적절한 성과당 보수 인센티브 제도를 설계하는 것은 쉬운 일이 아니다. 더군다나, 인센티브에 기반한 보수 제도는 이런 시스템으로 기대하는 긍정적 효과를 대부분 또는 심지어 모조리 상쇄하면서 역효과를 낼 수도 있을 것 같다. 이유는 크게 세 가지를 들 수 있다.

첫째로, 노동자에게 금전적 인센티브를 제공하는 것의 주된 단점은 직원의 행동을 관리하는 데 인센티브가 '지나치게' 효과적일 수 있다는 것이다. 한 가지 추론 가능한 결과는, 양을 위해 질이 희생되는 것이다. 노동자는 자신의 에너지와 기술을 '많은 양'의 상품을 생산하는 데 쏟아부을 수도 있고, '우수한 품질'의 상품을 생산하는 데 쏟아부을 수도 있지만 두 가지를 동시에 할 수는 없다. 따라서, 많은 상품 생산에 인센티브가 제공된다면, 상품의 품질은 나빠질 수 있다. 이와 관련해 우려되는 것은, 노동자가 효율성과 생산성을 추구하다 보면 '역할 부합' 성과인 공식 직무분석표상의 작업에만 집중하고, 이러한 요구사항 이상의 것은 등한시할 수도 있다는 점이다. 그러나 노동자가 '역할 외' 성과인 공식적인 직무분석표상의 작업 이상을 기꺼이 수행할 때, 일반적으로 조직은 더 잘 돌아간다. 가령, 조직의 연례 야유회 기획을 돕는 일처럼 노동자들이 어려움에 처한 동료를 돕거나 즐거운 업무 환경을 유지하는 일을 기꺼이 하는 경우를 생각해 볼 수 있다.[8] 다만 관련 연구가 많지 않은 상황에서, 이러한 추론이 타당한 것인지는 판단하기 어렵다. 이외에 우려되는 점은, 노동자에게 금전적 인센티브를 제공하면 노동자가 자칫 인센티브 제도를 도박의 수단으로 사용할 수도 있다는 점이다. 다시 말하면, 노동자는 자신이 원하는 결과물, 대개는 더 높은 임금이나 빠른 승진을 얻기 위해 보상 제도의 규칙과 절차를 이용하여 제도를 조작할 수도 있다. 실례로, 파생상품 중개인 닉 리슨Nick Leeson은 1995년 승인받지 않은 높은 투기성 거래로 인한 베어링 은행Barings bank의 도산에 대해 책임이 있는 사람이다. 1992년 리슨은 이러한 투기성 거래로 그 해만 해도 안정적인 5만 파운드의 급여에 추가로 13만 파운드의 보너스 수입을 얻었다. 그러나 불행하게도 그의 운은 이내 다해, 1995년에 리슨은 회사에 8.27억 파운드의 손실을 안겼고, 이어 베어링 은행은 파산했다. 그다음 10년 동안 불어닥친 2000년대 후반의 글로벌 금융 위기는 적어도 부분적으로는 '약탈적 대출 관행' 때문이었는데, 부도덕한 은행들은 단기 수익을 위해 대출자가 높은 리스크의 융자를 받도록 유도했다. 이러한 예들이 보여주는 것은 노동자에게 특정 행동에 인센티브를 지급해 바라던 행동을 유도할 수는 있지만, 동시에 다른 바람직한 행동을 희생시킬 수도 있다는 점이다.

둘째로, 합당한 임금을 찾고 정하는 일은 매우 까다로운 작업이다. 특히 생산량에 따른 임금이 하향 조정되는 경우엔 더욱 그렇다. 노동자와 노동자 대표들은 지나치게 자신을 혹사하지 않으면서도 제대로 된 임금을 벌 수 있도록 임금이 높게 설정되기를 바랄 것이다. 반대로 고용주들은 자신의 직원들이 열심히 일하도록 압박의 수위를 높이기 위해 가능한 한 임금을 낮게 설정하려 할 것이다. 프레더릭 테일러의 표현에 따르면 임금 협상 과정에 참여한 사람들은 "경영진과 노동자 사이에 우호적인 협력"은 없다는 사실을 발견할 가능성이 높다. 이들의 "진정한 이익"은 서로 극명하게 다르기 때문이다.[9]

마지막으로, 생산량에 따른 임금 제도는 노동자들이 열심히 일하도록 강력한 압력을 줄 수 있지만, 노동자의 건강과 웰빙에는 해로운 결과가 될 수 있다. 한편으로, 생산량에 기반을 둔 임금 제도는 노동자의 스트레스, 피로도 등을 높여 이들의 건강과 웰빙에 부정적인 영향을 줄 수 있다. 6장에서, 우리는 일과 일에서의 회복 간의 세심한 균형에 대해 보다 자세히 살펴볼 것이다. 다른 한편으로, 생산량에 따른 임금 제도가 피고용인의 건강과 웰빙에 미치는 부정적인 영향은 생산성과 안전성을 서로 맞바꾸는 것으로 인해 발생한다. 노동자가 생산성에 근거하여 보수를 받는다면, 시간 소모가 큰 건강과 안전 규정에 신경 쓰기보다는, 많은 양의, 우수한 품질의 제품을 생산하는 데 집중할지도 모른다. 예를 들어, 생산량에 따른 임금 제도에 따라 보수를 받는 트럭 운전사는 규정 속도보다 더 빨리 운전할 수도 있고, 고객에게 물품을 더 빨리 가져다주기 위해 휴식시간을 소홀히 할 수도 있다. 이는 운전자들이 피로를 무릅쓰고 운전하게 만들거나, 더 많은 사고로 이어질 것이며, 트럭 운전자 자신뿐 아니라 다른 사람에게도 피해를 줄 수 있다. 생산량에 따른 임금과 노동자의 건강 및 안전 사이의 연관성에 대한 31건의 연구를 살펴보면, 이중 최소 27건에서 이러한 임금 제도가 안전 행동에 미치는 부정적인 영향에 대해 보고하고 있다. 나아가 이러한 연구 논문의 저자들은 '대부분의 경우, 생산량에 따른 임금은 건강과 안전에 부정적인 영향을 미친다'고 결론 내린다.[10]

종합해 보면, 노동자에게 특정 활동에 대해 금전적 인센티브를 제공할 때 흔히 생산성이 향상되는 것은 분명하지만, 동시에 조직이 바라던 효과를 언제나 또는 그것만을 얻을 수 있는 것은 아니라는 점도 분명하다. 노동자의 성과에 인센티브를 제공할 때 얻는 이익을 부작용 없이 실현할 방법이 있을 수도 있다. 이를테면, 제한된 비율의 노동자 임금만 생산성에 의존하여 지급하게 할 수 있을 것이다. 예를 들어 노동자가 예외적으로 업무를 잘하면, 고정된 시간당 임금에 더하여 우수한 성과에 대해 보너스를 지급하는 것이다. 그러나 앞서 살펴본 닉 리슨의 사례에서 볼 수 있듯이, 고정 임금에 지나치게 많은 보너스가 합해지면 여전히 의도와 반대되는 결과를 초래할 가능성이 있다.

현재 증거자료들이 시사하는 바에 따르면, 노동 성과의 개선을 위한 금전적 인센티브의 사용이 조직에 매력적인 선택이 되려면 다음의 네 가지 조건을 충족해야 한다. 첫째, 작업은 상대적으로 단순해야 하며, 작업을 잘못 수행하는 것 자체가 어려운 일이어야 한다. 다시 말해 질과 양을 서로 맞바꾸어야 하는 경우가 있으면 안 된다. 둘째, 역효과가 일어날 가능성이 없어야 한다. 그리고 일어난다 해도, 조직이 망해서 문을 닫는다거나, 심지어는 세계 수준의 금융 위기가 발생하는 것 같은 지나치게 심각한 영향이 있으면 안 된다. 셋째, 어떤 행동이 보상받는지가 분명해야 하며, 이러한 행동을 개별적으로 측정할 수 있어야 한다. 넷째, 조직, 노동조합, 노동자는 스트레스, 고용의 질, 작업 현장의 안전성, 노동자의 건강과 웰빙과 같은 사안에 그리 신경 쓰지 않아야 한다. 이 네 번째 조건이 19세기에는 충족

될 수 있는 흔한 일이었을지 모르지만, 오늘날은 사정이 매우 달라졌으며, 어쩌면 당연한 것이다. 실제로, 호손 실험은 조직, 노동자, 일반 대중이 중요한 한 가지 사실을 각성할 수 있는 계기를 마련해 주었다. 노동의 동기 부여와 생산성은 단순히 노동자에게 적합한 금전적 인센티브를 제공한다고 해결되는 것이 아니라는 점이다. 호손 실험은 노동자를 관리하고 고용하는 경영자나 소유주와 마찬가지로, 노동자도 필요한 것, 원하는 것, 갈망하는 것을 가진 인간이라는 사실을 다시금 깨닫게 해주었다. 어떤 면에서 보면, 1945년에 나온 호손 실험에 대한 엘턴 메이오의 책은 '스타트렉Star Trek'(미국 TV 인기 시리즈 및 SF 영화 – 옮긴이 주)의 시나리오처럼 보이기도 한다. 많은 실험을 했지만 그렇게 과학적이라고는 볼 수 없는 분석을 한 후에 스타트렉의 등장인물 스팍처럼 생긴, 아마도 경영 컨설턴트일 주인공은 저 아래 생산부서에 있는 괴상한 생명체를 보며 이렇게 결론을 내릴 것이다. "그건 사람이라네, 우리가 알고 있는 사람."

행복한 노동자는 생산적인 노동자일까?

많은 연구에서, 업무 성과의 주요 선행 조건인 노동의 동기 부여가 금전적 인센티브뿐만 아니라 다른 요소들에 초점을 맞춤으로써 증가될 수 있다는 생각을 다루었다. 이 요소들은 가치를 인정받고 있다는 느낌, 무엇이든 할 수 있다는 자신감, 유능하다는 느낌, 직장에서의 의미 있는 사회적 상호 작용, 일에 대한 만족감, 다시 말해 일할 때 '행복'하다는 느낌을 받는지 아닌지와 관련된 것들이다. 현재 경영자, 피고용자, 비전문가 모두에게 널리 지지를 얻고 있는 이러한 생각은 '행복하고-생산적인 노동자 가설happy-productive worker hypothesis'로 불리며, 이 가설의 시작은 적어도 1930년대로 거슬러 올라간다. 예를 들어, 1932년에 와튼 스쿨의 교수, 렉스포드 브래머 허시Rexford B. Hersey에 의해 이 가설에 대한 깊이 있는 질적 연구가 이루어졌다. 이 연구에 따르면, 행복한 노동자의 생산성은 30~40%의 시간 동안은 증가했으며, 10%의 시간 동안은 감소하고, 나머지 시간 동안에는 변화가 없었다. 더욱이 짜증이 나다, 화가 나다, 신이 나다, 기분이 좋다 등의 감정은 생산성 변화에 수반되는 가장 중요한 요소였다. 연구에 참여한 사람들이 보고한 감정 패턴을 살펴보고 허시 교수는 이러한 감정들이 5~6주마다 순환된다는 점을 발견했고, 감정 리듬을 알고 있으면 가장 성공적으로 일할 수 있는 날이 어떤 날인지 예측하는 데 유용할 것이라고 주장했다. 이러한 감정 주기는, 실험 참가자 전원이 호르몬의 영향을 적게 받는 남성이었다는 점을 고려하면 훨씬 더 주목할 만하다.[11]

노동자의 행복과 생산성의 연관성에 대한 이런 다소 입증되지 않은 일화적 증거는, 54,000명 이상이 참가하고 312개의 개별적 샘플을 총망라한 중요한 재검토 연구를 통해 사실임이 확인되었다. 이 연구에 따르면, 전반적인 업무 만족도에서 개인별 차이는 역할 부합 업무 성과 차이의 약 9%를 차지했으며, 만족해하는 '행복한' 노동자가 그렇지 않은 노동자보다 더 좋은 성과를 보였다.[12] 그러나 이번 재검토에 포함된 모든 연구는 실험에 근거하지 않았으며, 대부분은 추정된 원인(만족)과 결과(성과)가 같은 시간에 측정되었다. 상관관계는 인과관계가 아니다. 그리고 만족과 성과가 발생하는 시간 순서에 대한 정보가 없이는, 어떤 것이 '원인'이고 어떤 것이 '결과'인지 알 길이 없다. 아마도 실제로 만족도가 성과의 원인이기는 할 것이다. 그러나 이러한 연구 결과들은 성과가 만족도의 원인이라는 의미가 될 수도 있고, 또는 만족도와 성과가 상호 영향을 미친다는 의미가 될 수도 있다. 이런 문제점에서 벗어나려면 장기간에 걸쳐 연구 참가자들을 추적 관찰하여 추정된 원인(만족)과 결과(성과)를 다양하게 측정해야 한다. 애석하게도, 14건의 장기적 연구에 대한 재검토가 시행되었으나, 만족도가 성과의 원인이라는 생각을 뒷받침해 줄 강력한 증거는 나오지 않았다. 전반적으로 업무 만족도가 이후의 성과에 미치는 영향이 성과가 업무 만족도에 미치는 영향보다는 조금 더 강했지만, 그 차이가 워낙 미미해 실질적인 의미는 없었다.[13]

그렇다면 이런 연구 결과들은 행복한 노동자들이 그렇지 않은 노동자들보다 생산성이 높을 가능성이 있다는 사람들의 믿음이 착각이라는 것을 의미하는 것일까? 그렇지는 않을 것이다. 장기적 연구가 이루어지기에는 어려움이 많다. 그중 하나는 두 개념을 이어주는 인과관계의 과정이 장기간에 걸쳐 어떻게 전개될지 알 수 없다는 점이다. 때때로 그런 과정은 시간이 무척 오래 걸린다. 예컨대, 석면에

노출되는 것이 건강에 미치는 악영향은 10년 이상의, 아주 긴 시간에 걸친 연구를 통해서만 도출할 수 있다. 겨우 몇 주 진행되는 연구로는 영향을 알아낼 수가 없다. 각종 암 같은 석면 노출과 관련 있는 질병들이 명백히 그 모습을 나타내려면 상당한 시간이 걸리기 때문이다. 다른 과정들은 비교적 빨리 전개되어 비교적 단기 연구에서만 분석이 잘 될 수도 있다. 흥미로운 사실은, 앞서 언급된 재검토 연구에서 시간의 추이 면에서 보면 업무 만족도가 성과에 미치는 영향은 장기간보다는 1~6개월의 단기간에 더욱 뚜렷했다. 이것은 높은 만족도가 성과에 미치는 긍정적인 효과는 오래가지 못한다는 것을 시사한다. 만족도와 성과 모두 시간이 흐름에 따라 변할 수 있다는 점에서 이러한 해석은 직관적으로 볼 때 그럴듯해 보일 것이다. 앞서 살펴본 것과 같이, 허시 교수는 기간이 1개월인 경우 두 개념에서 확실히 의미 있는 변화가 있음을 이미 발견했다. 그리고 더욱 최근의 재검토에서는 행복과 성과 두 개념 사이의 연관성은 긴 기간일 때보다, '같은 날'일 때 특히 강하게 나타났다.[14] 따라서 다음과 같은 결론은 가능할 것 같다. 첫째, 업무 만족도와 업무 성과는 긍정적인 연관성을 가진다. 둘째,

이러한 연관성은 장기간보다는 단기간일 경우 대체로 강하게 드러난다. 셋째, 행복과 성과의 관계가 인과관계로 해석될 수 있는 증거가 있으며, 이는 행복하고-생산적인 노동자 가설과 일치한다.

번아웃과 참여 그리고 생산성

행복하고-생산적인 노동자 가설에서는 노동자의 행복 지표인 업무 만족도만 분석하지 않았다. 노동자 행복의 '부재'를 나타내는 중요한 지표 중 하나는 번아웃burnout 증후군인데, 이 개념은 1974년 허버트 프로이덴버거Herbert Freudenberger가 처음 도입했다. 그는 뉴욕 이스트빌리지의 세인트 마크 프리 병원에서 정신과 상담 의사로 근무할 때 노숙자와 약물 중독자를 위해 일하던 병원 내 자원봉사자들에게 나타난 점진적인 감정 고갈, 의욕 감소, 동기 부여의 상실을 설명하면서 이 용어를 사용했다. 프로이덴버거는 자신이 이야기하고 있는 것이 무엇인지 정확히 알고 있었다. 그 자신도 두 번이나 번아웃 증후군을 경험했기 때문이다. 이와 별개로, 크리스티나 마슬락Christina Maslach과 그녀의 동료들은 복지사업 근로자들을 대상으로 연구를 수행하면서 이 용어를 접하게 되었다. 연구 참여자들과 인터뷰를 진행하면서, 마슬락은 근로자들이 종종 감정적으로 고갈되고 에너지가 소진되는 기분을 느꼈으며, 자신의 고객이나 환자에게 부정적인 태도를 갖게 된다고 보고했다. 또한 그들이 자신의 전문적 직업 능력을 의심하고 있음을 알게 되었다. 다시 말해 이들 근로자들이 "번아웃"이라고 언급했던 증후군을 겪고 있는 것을 발견했다.[15] 마슬락과 동료들은 이후에 마슬락 번아웃 측정도구Maslach Burnout Inventory, MBI를 개발하여, 번아웃의 세 가지 측면을 각각 '탈진', '냉소주의', '감소된 개인적 성취감'으로 불렀다. 다른 측정도구들도 있지만, MBI는 번아웃 증후군 연구에 있어 대표적 측정도구가 되었다.

높은 번아웃 점수는 우울함 같은 심각한 수준의 신체 및 정신적 불만, 병가, 이직률, 조직에 대한 낮은 헌신도와 연결된다. 놀랄 일이 아니겠지만, 노동자의 행복이 부재함을 나타내는 강력한 지표로서 번아웃은 낮은 수준의 성과와도 연관이 있다. 24개 연구에 대한 재검토 작업에 따르면,

심각한 수준의 탈진, 냉소주의, 감소된 개인적 성취감이 모두 대체로 낮은 성과 점수와 관련이 있었으며, 자기보고식 성과에서 개인별 차이가 나는 이유의 4~12%를 차지했다.[16] 예컨대, 노동자의 동료, 감독관 또는 고객이 보고하는 성과로, 판매량 또는 인도되는 상품의 수 같은 자기보고에 의하지 않은 성과에 전적으로 초점을 맞춘 또 다른 재검토에 따르면, 특히 심각한 수준의 탈진이 낮은 성과와 관련이 있으며, 개인별 성과의 차이가 나는 이유의 4%에서, 많게는 30%까지 차지하는 것으로 나타났다.[17]

두 번째로 자주 연구되는 노동자의 행복 지표는 업무 몰입이다. 현재 이 용어의 정확한 유래는 알려지지 않았지만, 업무 몰입은 종종 번아웃과 정반대되는 긍정적인 상태로 여겨진다. 번아웃 상태의 노동자는 탈진, 자신의 업무에 대한 냉소주의, 성과에 대한 불안감을 호소한다. 거꾸로 몰입은 각각 높은 수준의 에너지, 열중, 효능감으로 특징지어져 번아웃의 세 가지 측면과는 정반대다. 당연히, 번아웃과 몰입은 매우 강한 연관성을 가진다. 따라서 몰입 또한 업무 성과와 관련이 있다고 예상할 수 있다. 이러한 추론과 맥을 같이하여, 스페인 카스테욘과 바렌시아 대학의 세 연구자들이 58개 호텔 접수처와 56개 레스토랑의 데이터를 이용하여 연구를 수행했다. 각 업소에서 세 명의 직원과 열 명의 고객이 설문지를 완성했다. 행복하고-생산적인 노동자 가설과 일맥상통하게, 설문 결과는 일에 몰입한 '행복한' 직원이 있는 레스토랑과 접수처의 고객들은 다른 레스토랑과 호텔의 고객들보다 훨씬 더 만족감을 표시한 것으로 드러났다.[18] 미국의 금융, 제조, 서비스, 소매, 운송 부문의 36개 회사의 약 8,000개 사업장을 대상으로 한 비슷한 연구에서 업무 몰입도가 높은 사업장은 다른 사업장보다 더 긍정적인 고객 평가를 받았으며, 더 높은 안전기록을 보유하고 있고, 더욱 생산적이고 더 많은 이윤을 얻고 있는 것으로 확인되었다. 이 연구와 관련해 흥미로운 사실은 업무 만족도와 몰입이 성과에 미치는 영향을 비교할 수 있었다는 점이다. 업무 만족도와 업무 몰입, 이 두 개념은 개별 사업장의 성과에서 차이가 나는 원인의 약 14%를 차지하는 것으로 나타났다.[19] 그러므로, 업무 몰입과 번아웃은 모두 업무 성과와 밀접하게 관련이 있는 선행 조건으로 볼 수 있다.

금전적 인센티브, 행복, 성과

프레더릭 테일러는 노동자의 건강과 웰빙에 큰 관심을 기울이지 않았다. 직장에서 생산성이 낮으며 그 과정에서 돈을 적게 벌어도 노동자가 행복하다면, 그건 '그들의' 선택이라고 생각했다. 테일러는 자신의 과학적 경영관리법이 궁극적으로 노동자를 더 행복하게 해 줄 것이라고 확신했다. 그러나 이는 그의 최첨단 보상 제도 덕분에 더 많은 보수를 얻어서 더 많고 더 좋은 상품을 구매할 수 있는 능력이 생겼기 때문이지, 일하는 그 자체에서 행복감을 느끼기 때문은 아니다. 이번 장에서 논의한 근거 자료들은 생산량에 따른 임금과 성과에 따른 보상에 초점을 맞추면, 실제로 노동자들이 최선을 다하도록 동기 부여하는 데 효과적일 수 있음을 말해준다. 때로는 너무나 효과적인 나머지, 노동자들이 인센티브를 최대화하는 종류의 행동에만 전적으로 몰두하게 만들 수도 있다. 우리가 살펴본 것처럼, 이러한 방법은 노동자, 노동자가 속해 있는 조직, 또는 사회 전체에 항상 최상의 이익이 되는 것은 아닐 수 있다.

엘턴 메이오와 같은 사람들의 생각은 근본적으로 달랐

다. 이들은 호손 실험이 보상 및 물질적 작업 조건 외의 요소들이 노동 생산성을 높이는 데 필수적이라는 것을 보여준다고 해석했다. 특히 노동의 인간적 측면, 가령 동료 노동자와 상급자와의 관계가 노동의 동기 부여를 향상시키는 데 중요하다고 여겼다. 기본적으로 메이오 교수와 동료들은 경영진이 노동자 각각을 고유한 욕구가 있는 개인으로 존중해야 하며, 그렇게 해야 노동자가 만족감을 느끼게 될 것이라고 주장했다. 그렇게 되면 노동자들이 경영진과 협력할 의욕이 늘어나고, 조직의 목표 완수를 위해 최선을 다하게 될 것이라는 논리였다. 여기에 더해, 현재 이용 가능한 근거 자료들도 행복하고 만족하고 일에 몰입하고 번아웃되지 않은 노동자가 다른 노동자들보다 대체로 일을 더 잘한다는 이런 생각들과 일치한다.

따라서 업무 성과는 양쪽 모두의 방법으로 고무시킬 수 있을 것 같다. 그런데 노동자가 열심히 일하도록 동기 부여할 '단 하나의 최선의 방법'은 있을까? 애석하지만, 노동자 행복 증진의 효과와 금전적 인센티브 제공의 효과를 대조하여 비교 분석한 연구는 존재하지 않는다. 따라서 이 질문은 쉽사리 대답할 수 없다. 심리학자들은 경제학자들이 아니다. 그리고 노동자의 행복을 증진하기 위해 드는 비용 대비 수익의 엄밀한 분석도 아직 이루어지지 않았다. 그러나 작업장 안전에 유념하는 일은 효과가 있었다는 증거가 있다. 이를테면, 2012년의 한 연구에 따르면, 미국 연방 직업 안전 보건국 캘리포니아 지부California's Division of Occupational Safety and Health에서 점검을 시행함으로써, 부상으로 인한 피해 보상 요구가 9.4% 감소했으며, 점검받은 회사들은 점검받지 않은 유사한 회사와 비교하여, 피해 보상 요구와 손실된 일에 지불되는 보상금을 점검 후 4년 동안 평균 26%인 35만 5천 달러를 아낄 수 있었다.[20] 마찬가지로, 행복한 직원은 그렇지 않은 직원보다 조직을 떠나는 경향이 낮아 조직 입장에서는 새로운 직원을 고용하고 교육하는 비용을 아낄 수 있고 다른 직원보다 아픈 빈도가 적고 결근도 적기 때문에, 직원의 행복에 투자하는 것이 조금이라도 재정 수익에 도움이 된다고 추정할 수 있다. 그러나 유럽 산업 안전 보건청European Agency for Safety and Health at Work은 "직업 안전 및 보건을 위한 아주 값싼 투자로 큰 수확을 얻는 경우도 많다"고 열렬히 주장하면서도, 한편으로는 이러한 당부를 한다. "직업 안전 및 보건을 위한 투자가 언제나 유용

한 것만은 아니다. 다른 투자와 마찬가지로, 경제적으로 유리할 수도 있고, 아닐 수도 있다".[21]

노동자의 건강과 웰빙에 투자하는 사업 사례가 있지만 그 효과는 바라는 만큼 강력하거나 확실하지 않을지 모른다. 그러나 행복에 대한 투자는 임금 인상을 대신하는 값싼 대안이 아니며, 조직에서 직원의 웰빙에 투자해야 하는 유일한 이유가 금전적 이익도 아니다. 국내 및 국제법에서는 피고용인에게 안전하고 건강한 작업장을 제공하는 것이 고용주의 의무라고 명시하고 있다. 따라서 고용주들은, 당연히 인센티브가 제일 효과가 좋다고 믿고 있겠지만, 피고용인의 안전과 웰빙에도 투자해야 한다. 고용주들이 이를 받아들이지 못한다면, 언제나 인간의 품위에 대한 문제가 고개를 들게 된다. 아무리 단순하고, 저숙련의, 반복적인 생산직이라 해도 우리와 마찬가지의 사람, 우리가 알고 있는 '인격체'가 수행하는 일이다. 나라면 어떤 이유로 열심히 일하고 싶을까? 일이 도전의식을 일으키고, 기쁘고, 심지어는 재미있어서일까, 아니면 오로지 일을 마치고 나서 몇 푼 챙겨 갈 수 있어서일까?

하지만 이 문제를 밝은 측면에서 한번 바라보자. 이번

장에서는 현재 자료들이 행복한 노동자가 그렇지 않은 노동자보다 생산성이 높다는 생각을 뒷받침하고 있음을 보여주었다. 이러한 판단의 당연한 귀결이지만, 노동자의 생산성을 증가시키기 위해 반드시 노동자의 행복을 '희생할 필요는 없다.' 노동자의 행복에 관심을 집중함으로써 양쪽 모두가 동시에 개선될 수 있다. 그러므로 핵심적인 질문은 이것이다. 조직은 직원의 건강과 웰빙, 행복을 증진시키기 위해 어떻게 해야 할까?

04
일에서의 행복 증진

미국 공화당의 로널드 레이건 전 대통령이 이런 말을 한 적이 있다. “영어로 하는 말 중에서 이보다 무서운 말도 없을 것이다. 나는 정부에서 나온 사람입니다. 도움을 주려고 왔습니다.” 다음의 이 말은 그렇게 무섭지 않을지도 모른다. 하지만 마찬가지로 참 이상하다는 생각이 들 수도 있다. ‘여러분의 고용주로서, 여러분을 행복하게 해드리고 싶습니다.’ 어째서 조직이 직원의 행복에까지 관심을 두려는 것일까? 좋은 뜻으로 그럴 리 없어. 어떤 숨은 속셈이 있는 게 분명해!

노동자 행복 모델

3장에서 논의했듯이 고용주가 직원의 건강과 웰빙 그리고 심지어는 행복에까지 영향을 주려고 시도하는 데는 충분한 이유가 있다. 직원이 행복하고 만족하고 일에 몰입하고 번아웃되지 않으면 조직에 이롭다(여기에 숨은 속셈은 별로 없다)는 생각은 인간관계 운동이 벌어지던 1930년대까지 거슬러 올라간다. 그러므로 우리는 사람이 일할 때 행복하다고 느끼게 만들어 주는 것이 무엇인지 이해할 필요가 있다. 일의 어떤 특징이 일에 대해 좋은 감정을 갖게 하고, 열의와 동기가 불타오르게 하고, 업무 수행을 높이는 것일까?

지난 50여 년 동안, 이 문제는 조직 연구자들 사이에 많은 관심을 불러일으켰다. 이러한 목적을 위하여, 연구자들은 일정한 그룹의 직무 특성들과 모든 종류의 '업무 결과' 사이의 관계에 대한, 이른바 '모델들'을 고안해냈다. 기본적으로 모델은 목적에 따라 가장 적절하다고 여기는 현실의 특징에 초점을 맞추어 그 현실의 일부를 단순화하여 표현한 것이다. 예를 들어, 런던 지하철 지도는 지하철 정거

장이 어떻게 연결되어 있는지 보여준다. 이는 지리적으로 정확하게 런던 중심지를 나타낸 것이 아니며, 거리, 강, 호수, 공원, 철도, 마을 등에 대한 세세한 묘사도 포함하고 있지 않다. 이러한 것들이 중요하거나, 베이커 가 221b번지 같은 특정 주소를 찾을 필요가 있다면, 일반적인 런던 지도가 훨씬 유용할 것이다. 어떤 경우에는, 주요 거리 이름과 관광 명소만 나타낸 간단한 관광 지도가 훨씬 더 안성맞춤일 수도 있다. 이 세 가지 지도는 각각의 목적에 따라 그려지고, 현실의 다른 부분에 초점을 맞춘, 런던에 대한 상이한 모델이라고 볼 수 있다. 중요한 점은, 모델은 현실을 반영할 뿐만 아니라, 모델이 상정한 가정이 충족되는 경우 앞일을 예측하기도 한다는 것이다. 열차 운행이 지연되거나 종료되지 않는다고 가정할 때, 월섬스토 센트럴 역에서 빅토리아 선에 탑승한 후 40분 정도 가면 핌리코 역에 도착할 수 있다. 빅토리아 선이 정확히 40분 후에 여러분을 그곳에 데려다줄 것이라 완전히 보장할 수는 없지만, 일반적인 상황이라면 빅토리아 선을 타는 것이 비교적 빠르게 그곳에 갈 수 있는 가장 좋은 방법이다.

이번 장에서 논의할, 일-심리학적 모델들도 지도와 비

슷하다. 이 모델들의 목적은 예를 들어, 직무의 다양성과 그 직무를 수행하는 노동자가 경험하는 작업량 같은 직무의 일정한 특성들이 생산성과 웰빙 같은 일정한 결과물들과 어떻게 연관되었는가를 보여주는 것이다. 다른 특성과 결과물은 고려되지 않는다. 기본적으로, 이러한 모델들은 '생산성이 매우 높은 노동자를 얻고 싶으면, 가장 안전하고 확실한 방법은 직무의 X나 Y 특성을 향상시키는 데 집중하는 일이다'와 같은 표현을 고려해 넣는다. 다시 말해, 이러한 모델은 모델에 포함된 직무의 특성이 원인이 되어 직무 만족도, 생산성, 웰빙 등, 직무의 결과물에 영향을 준다는 것을 가정하고 있다. 이렇게 하면 결과는 대체로 이럴 것이라는 인과관계를 상정하는 것이다.

휴대폰에 들어갈 작은 전자 부품을 조립하는 공장 노동자를 생각해 보자. 조립 라인이 빨리 돌아가기 때문에 업무 스트레스가 높다. 함께 일하는 동료들도 열심히 일하는 중이라 대화를 나누는 일도 여의치 않다. 작업 자체는 다양성이 부족하다. 노동자는 온종일 같은 부품을 생산한다. 일의 속도, 노동 시간, 휴식 시간, 기타 등등에 관한 결정도 상급자에게 달려있다. 승진 기회도 별로 없고, 임금도 적다. 부품들은 휴대폰에 사용될 용도로 생산되지만, 휴대폰 조립은 또 다른 곳에서 이루어지기 때문에 이곳의 노동자는 어떤 휴대폰이 생산되는지조차 알 수 없다. 회사 경영자의 입장에선 이 노동자의 생산성과 웰빙을 어떻게 개선할 수 있는지 알고 싶다. 이 장에서 소개하고 있는 모델들은 이러한 질문에 대해 답을 제시한다. 어떤 모델은 임금을 올리는 것이 최선의 방법이라 할 것이고, 다른 모델은 노동자에게 자기 일과 노동 시간을 결정할 수 있는 자유를 좀 더 보장해야 한다고 할 것이고, 또 다른 모델은 업무의 다양성이 더욱 보장되어야 한다는 등, 다양한 안을 제시할 것이다.

어떤 의미에서 이러한 모델들은 동일한 지리적 영역을 다르게 표현한 지도들이다. 그리고 어떤 지도(모델)가 자신의 목적에 가장 잘 맞을지 판단하는 것은 사용자에게 달려 있다. 그러나 적합한 모델을 구별하기 위해서는 이러한 모델들이 실제로 무엇을 포함하고 있으며, 모델 X, Y에 대한 대안은 무엇인지에 대해 대략적인 이해가 있는 것이 도움된다. 이에 따라 이어지는 글에서는, 가장 중요한 모델들의 주요 특징과 이러한 모델들에서 얻어진 결과에 초점을 맞추어, 일의 특성들과 결과물의 관계를 알아볼 것이다. 이러한 모델들이 과학적 관점에서만 흥미로운 통찰력을 제공해 주는 것은 결코 아니며, '직무 설계 방식'에 대한 실제적이고 중요한 통찰도 함께 제공해준다는 점에 주목할 필요가 있다. 다르게 표현하면, 모든 모델이 설계된 이유는 원하는 특정 결과를 얻을 방법에 관한 실질적 지침을 제공하고 어떻게 하면 웰빙을 증진시키는 동시에 성과도 높일 수 있도록 업무를 설계할 수 있는가를 살펴보기 위해서이다.

직무 특성 모델

1960년대와 70년대 사이 서구 선진 경제 국가들의 안정된 고용과 대량 생산 체계를 배경으로 하여, 하버드 대학의 리처드 해크먼Richard Hackman 교수와 일리노이 대학의 그렉 올드햄Greg Oldham 교수는 '직무 특성 모델Job Characteristics Model, JCM'을 개발했다. 이것은 직무 설계에 있어 최초의 '현대적 모델'이었다.[1] 두 교수는 자신들의 모델을 통해, 직무의 다섯 가지 핵심적 측면이 세 가지 중요한 심리적 상태에 영향을 주고, 이것이 다양한 개인적 성과 및 직무 결과로 이어진다고 주장했다. 직무의 핵심적 측면은 다음과 같다.

- **기술의 다양성** 온종일 고객의 전화를 받는 콜센터 직원의 경우, 다양한 도구와 솜씨, 기술을 가지고 주문 제작형 가구를 도안하고 만드는 목수에 비해 기술의 다양성이 낮다.
- **직무 정체성** 일의 일부만을 하는 것과는 대조적으로, 노동자가 일의 처음부터 끝까지 전부, 그리고 식별 가능하고, 가시적인 부분을 하는 정도를 의미한다. 예를 들어, 책을 쓰는 작가의 일은 직무 정체성이 높은 반면, 휴대폰에 사용될 작은 부품을 생산하는 노동자의 일은 직무 정체성이 낮다.
- **직무 중요성** 업무가 다른 사람에게 영향을 미치는 정도를 가리킨다. 한 나라의 총리는 자신의 공무 차량 운전자보다 더 높은 수준의 직무 중요성을 가질 가능성이 크다.
- **자율성** 높은 수준의 자율성은 노동자 자신이 무엇을 할지, 그리고 언제, 어디서, 어떻게 자신의 업무를 수행할

지에 대해 결정할 자유가 많다는 것을 의미한다. 예를 들어 저렴한 가구를 만드는 디자이너의 자율성과 창의성은 값비싼 재료나 정교한 디자인을 이용할 수 없다는 사실에 의해 제한을 받는 경우가 종종 있다. 이케아IKEA 가구 회사의, 실용적이지만 소박한 디자인의 빌리Billy 책장과 같은 상품을 생각해 보자. 빌리 책장은 값싼 금속과 섬유판으로 만들어져 있고, 소비자가 앨런 볼트용 렌치와 망치만을 사용하여 간편하게 조립할 수 있도록 만들어진 가구다. 반대의 사례로, 유명한 네덜란드 디자이너 게리트 리트벨트Gerrit Rietveld는 그가 제작한 고가의 적청 의자The Red and Blue Chair(1917년에 제작, 현재는 뉴욕 현대 미술관의 영구 소장품)에 대해 바이어들이 의자의 안락함과 관련해 불만을 표시했을 때, "'앉다'는 동사다" 다시 말해, 문법적 의미만이 아니라 물리적으로도 동작을 의미한다고 반박했다. 저명한 디자이너이긴 했지만, 리트벨트는 상품이 어떻게 평가되어야 하는가에 대해서까지 결정했다. 그에게 있어서 안락함은 문제가 되지 않았다. 이것이 바로 자율성이다!

- **직무 피드백** 노동자가 일을 얼마나 잘 수행하고 있는지가

직무를 통해 표시되는 정도를 의미한다. 컴퓨터 프로그래머는 자신의 코드가 바라던 결과를 생산하고 있는지 아닌지 즉시 확인할 수 있다. 이와는 대조적으로, 새로운 범죄 감소 프로그램을 시행하는 자치단체장은 프로그램의 시행 성과를 확인할 수 있다고 가정해도, 수년이 지나서야 가능할 것이다.

해크먼과 올드햄 교수는 기술의 다양성, 직무 정체성, 직무 중요성 면에서 얻은 점수들의 평균을 내어, 이른바 세 가지 중요한 심리적 상태의 하나인 '직무의 유의미성 경험 여부'를 나타낼 수 있도록 하라고 제안했다. 두 번째로 중요한 상태는 '직무 결과물에 대한 책임감 경험 여부'로, 이것은 직무가 제공하는 자율성 여부에 전적으로 달려있다. 마지막으로 세 번째 심리적 상태인 '직무 활동 결과에 대한 지식'은 직무에서 얻는 피드백에 달려있다. 이 세 가지 상태를 곱하면 직무의 '동기 부여 가능 점수'가 산출된다. 세 가지 중요한 심리적 상태에서 낮은 점수는 만족감 결여, 높은 결근 및 이직률, 낮은 수준의 직무 만족도, 낮은 내적 동기, 낮은 직무 효과와 성과 등으로 연결된다고 추정할 수 있다. 더 나아가, JCM에는 일종의 성격적 특성인 '성장 욕구 강도'도 포함된다. 이것은 예를 들어, 새로운 기술을 습득하여 심리적으로 발전하고 성장하고자 하는 욕구의 정도를 의미한다. 모든 노동자가 JCM의 다섯 가지 핵심 요소의 개선을 통해 이득을 얻을 것이지만, 높은 성장 욕구를 가진 사람들은 더 많은 이득을 얻을 것으로 추정된다.

모델을 적용한 초창기 시절에, 영국 북부의 한 제과 공장의 생산 부서에서 근무하는 작업 현장 근로자 47명이 설문지에 답했다. 설문지는 앞서 열거한 대부분 개념에 정신 건강 및 성과 항목을 추가하여 만들었다. 결근과 지각 횟수는 회사 기록에서 자료를 뽑았다. 예상할 수 있듯이, 직무의 다섯 가지 핵심적 측면은 세 가지 중요한 심리 상태와 관련이 있었으며, 후자는 결국 만족감 및 동기 부여와 관련되었다. 다른 결과물에 대해서는, 설문 결과로는 결론을 내릴 수 없었다. 게다가, 이 연구에서는 대부분의 관계가 결속력이 약했다.[2] 이러한 엇갈린 연구 결과는 200건의 연구에 대한 한 권위 있는 재검토 연구에서도 그대로 드러났고, 이 모델은 '미미한' 증거만을 얻었다는 결론이 도출되었다. 직무의 다섯 가지 핵심적 특징, 세 가지 심리적 상태, 개인 및 조직의 성과물 사이의 연관성은 대부분 예측한 대로였으나, 성장 욕구 강도는 고려 중인 성과물의 종류에 따라 변화했다.[3]

이런 연구 결과들은 직무의 특성이 노동자의 생산성과 웰빙에 실제로 중요한 영향이 있음을 분명히 보여준다. 실질적인 관점에서, JCM은 노동자 생산성과 웰빙을 증진시키기 위한 가장 좋은 방법은, 예를 들어, 노동자에게 어떤 도구, 솜씨, 기술을 사용하여, 어떻게 업무를 수행할 것인가 등의 문제를 스스로 결정할 수 있도록 기회를 더 많이 제공함으로써 기술의 다양성을 모색하는 것이라고 제안한다. 이는 동시에 노동자의 자율성도 증가시키는 방법이 될 것이다. 아마도, 노동자가 일의 일부만을 하는 데 그치지 않고 일의 전체를 완성하는 데 기여하는 정도를 높이는 것도 가능하다(직무 정체성). 더 나아가, 노동자는 자신의 기여가 얼마나 중요한지 알게 될 수도 있다(직무 중요성). 그리고 마지막으로 노동자들이 자신들이 일을 얼마나 잘하고 있는가에 대한 정보를 받는 것도 중요하다(피드백).

직무 요구-통제(-지원) 모델

1990년대 이후로, 현역 종사자들과 달리, 연구자들은 JCM 모델을 외면하고 다른 모델들로 관심을 돌리기 시작했다. JCM 모델 핵심 개념의 일부는 유지하면서도 다른 특성을 함께 고려하는 동시에, 업무 성과의 선행 조건인 업무 특성들의 상호 관계에 대해 다른 관점의 견해들도 지닌 모델들이었다. 이 중에서 가장 주목할 만한 것이 직무 요구-통제(-지원), 다시 말해 Job Demand-Control(-Support) 모델이다.

1976년 이미 건축학 학사와 토목 공학 이학 석사 학위를 보유하고 있던 로버트 카라섹Robert Karasek이라는 젊은이가 일의 심리학이 주제인 박사 논문 사상 가장 큰 영향력을 지니게 될 논문을 매사추세츠 공과 대학 심사위원회에 제출했다.[4] 미국 국무부에서 풀브라이트 장학금을 받아 스웨덴에서 1년간 공부하면서, 카라섹은 '의미 있는 일의 경험'에 관심을 가지게 되었는데, 이 표현은 스톡홀름 외곽 지역의 신도시 개발과 관련해 나온 말이었다. 당시에는, 이런 교외 지역에 살면 사회적 고립감, 소외감, 무관심을 겪게 될 것이라는 우려가 팽배했다. 의미 있는 일을 하면, 사람들이 자신이 살고 있는 공동체에서 적극적으로 활동할 동기가 생기는 등 사람들에게 긍정적인 영향을 줄까? 이러한 새로운 태도를 일에 포함시키는 것은 일과 업무 동기, 일의 성과물에 대한 관념과 관련하여 새롭고 중대한 도전을 예고하는 것으로 보였다.

따라서 그의 논문에서 카라섹은 서로 다른 연구 전통에 따라 분석되었던, 두 개의 상이한 결과 그룹을 하나로 통합하고자 했다. 사회학적 접근법에서는, 직무상의 사회적, 심리적 요구로 인한 부담과 스트레스, 질병, 이 둘 사이의 연관성은 연구하면서도 이러한 스트레스 요인에 통제력을 갖는 것이 어떤 역할을 하는가에 대해서는 관심을 갖지 않았다. 이와 대조적으로, 업무 현장에서 통제력이 가지는 역할은 직무 만족에 대한 연구 문헌(직무의 자율성과 기술의 다양성은 만족감, 생산성, 결근에 대한 예측 변수로 사용되었다. 해크먼과 올드햄의 JCM 참조)에서 찾아볼 수 있었으나, 업무 부담의 잠재적 역할에 대한 고려는 하지 않았다. 카라섹은 이러한 관점들을 그의 '직무 요구-통제Job Demands-Control, JD-C 모델'로 통합하고, 낮은 수준의 통제력이 심리적 중압감으로 이어지는지, 소극적인 심리위축으로 이어지는지는 심리적으로 가해지는 요구의 수준에 달려있다고 주장했다. 그는 '통제력' 또는 '결정 허용 범위'를 기술 재량과 결정 권한이 결합한 것으로 규정했는데, 기술 재량은 직무의 반복성, 다양성과 관련하여 직무에 사용될 기술과 방법에 대해 결정권을 가지는 것을 말하며, 결정 권한은 자신의 직무에 대해 결정할 수 있고 나아가 업무팀과 회사 정책 일반에 대해 영향을 줄 수 있는 능력을 말한다. '직무 요구'는 업무 환경에서의 심리적 스트레스 요인을 가리키며, 시간 제약, 상충하는 요구들, 필요로 하는 집중도, 업무 속도와 업무량 등이 이에 포함된다.

카라섹의 모델에서는 두 종류의 넓은 의미의 결과물, 즉 하나는 중압감 및 건강 관련 결과물과 다른 하나는 적극성 및 생산성 관련 결과물에 초점을 맞추고 있다. 통제력 개념과 요구 개념을 결합하여 다음과 같이 네 가지 유형의 직무를 도출하고 있다.

- 높은 요구-낮은 통제력(또는 높은 중압감)의 직무는 높은 강도의 스트레스, 중압감, 건강 악화로 연결된다. 예를 들어, 웨이터의 일을 생각해 보자.

- 높은 요구-높은 통제력(또는 적극적)의 직무에서는 높은 요구가 초래하는 잠재적인 부정적 효과가, 직무가 주는 도전에 최적으로 대응하는 방법을 결정할 수 있는 권한에 의해 상쇄된다. 이러한 직무에서, 노동자는 발전하고 심지어는 자신을 성장시킬 수 있는 여지가 있으며, 생산적이며 근무 중, 근무 외 모두에서 적극적이 된다. 예컨대, 기업가가 이러한 범주에 들어가는 경우가 많다.
- 낮은 요구-낮은 통제력(또는 소극적)의 직무에서는 요구 수준이 높지 않기 때문에 노동자가 중압감은 경험하지 않는다. 그러나 자신의 직무 환경에 통제력을 행사할 기회가 거의 없으므로, 노동자는 그 과정에서 점점 소극적이 되어가고 따분해할 가능성이 있으며, 나아가 자신이 가진 기술도 퇴화할 수 있다. 이것의 전형적인 예가 경비일이다.
- 낮은 요구-높은 통제력(느긋하거나 낮은 중압감)의 직무에서는 노동자가 낮은 수준의 스트레스를 경험한다. (요구가 거의 없고, 새로운 방법을 시도하고 실험해 볼 기회가 많다.) 이렇게 이상적인 일은 사실 드물다. 그러나 종신직 교수, 목수, 성공한 예술가들이 가끔 이런 범주의 예로 언급된다.

이후에, 동료 노동자와 상급자로부터 지원을 받는 경험, 예를 들어 도움을 주는 행동과 사사로운 대화 등의 사회적 맥락의 특징들이 이 모델에 추가되었다. 따라서 지금은 '직무 요구-통제-지원Job Demand-Control-Support, JDC(-S) 모델'로 불린다. 기본적으로 높은 요구와 낮은 통제력일 때의 부정적 효과는 지원이 없는 상황에서 더욱 심하게 나타날 것이다.[5]

지금까지, JDC(-S) 모델은 요구, 통제력, 지원이 노동자의 웰빙, 중압감, 생산성에 미치는 영향을 연구하기 위해 주로 일의 맥락에서 이용되었다. 일의 결과물에 대한 추가 선행 조건으로서의 직무 요건에 초점을 맞추는 것 외에도, 이 모델이 가장 크게 기여한 점은 높은 요구로 인한 부담이 업무 결과물에 주는 부정적인 영향이 높은 수준의 통제력 확보로 경감될 수 있다는 점을 제안한 부분이다. 높은 통제력은 노동자가 자신의 직무 요구를 처리하는 데 도움을 주어, 노동자의 스트레스를 줄이는 것으로 기대된다. 실제로, 노동자가 높은 통제력을 가지고 있으면 심지어 까다로운 요구도 도전으로 받아들이게 되고, 노동자가 자신의 직무를 보다 효율적이고 효과적으로 할 수 있게 도움을 주는 새로운 기술을 익히고자 하는 의욕도 증가할 수 있다. 그러나 이렇게 매력적으로 들리는 생각들이 과연 타당할까? 두 건의 재검토 연구에 따르면, 통제력과 지원의 수준이 높고 요구 수준이 낮다면 일반적으로 더 나은 결과물을 내는 것으로 나타났다.[6,7] 하지만 높은 요구로 인한 부정적 효과를 높은 통제력이 어느 정도 상쇄한다는 생각은 오로지 제한된 범위에서만 뒷받침된다.

사실상, 이러한 연구 결과가 의미하는 것은, 통제력과 사회적 지원의 기회를 늘리는 것이 노동자의 건강과 웰빙을 개선하기 위한 두 가지 확실한 방법이라는 것이다. 직무 요구의 역할과 관련하여, 증거는 엇갈린 결과를 보여준다. 이론적으로 볼 때, 웰빙과 성과와 관련하여 최적의 결과물은 높은 요구와 높은 수준의 통제력이 짝을 이룰 때 얻어진다. 그러나, 실제에 있어서, 이러한 추론은 타당하지 않다. 가장 최선의 결과물은, 적어도 웰빙과 건강에 관해서는, 높은 통제력과 높은 지원이 낮은 직무 요구와 만났을 때 얻어진다. 이는 조직의 입장에서는 그렇게 매력적인 상황은 아닐 수도 있다. '낮은 직무 요구'라고? 내 직원들이 게으름을 부린다는 의미잖아? 이윤은 어쩌고! 한 가지 염

두에 둘 것은, 직무 요구를 측정하는 수단들이 높은 요구가 가지는 다소 극단적 징후에 초점을 맞추는 경향이 있다는 점이다. 예를 들어 직무 완수에 '너무 적은' 시간이 주어진다거나, '지나치게 많은' 양의 업무를 처리해야 한다거나, '아주 빠르거나 힘들여' 일해야 한다거나 등이다. 따라서, 이런 측정 수단에서 '낮은' 점수가 나오면 대개의 경우 참가자들이 자신의 직무가 자신을 너무 혹사시킨다는 느낌 없이 생산적으로 일하고 있다는 의미로 받아들이면 된다.

노력-보상 불균형 모델

어떤 관점에서 보면, 노동자들은 자신의 시간, 기술, 노력을 자기 일에 '투자'해야만 한다. 따라서 그에 대한 대가를 기대한다. 금전은 물론이고, 무형의 '보상', 예를 들어 존중, 일정한 정도의 직업 안정성, 그리고 밝은 승진의 전망 등이 돌아오기를 기대한다. 스위스 의료사회학과 교수인 요하네스 지그리스트Johannes Siegrist는 이러한 추론을 출발점으로 하여, '노력-보상 불균형Effort-Reward Imbalance, ERI 모델'

을 내놓았다. 사람들은 자신이 하는 일에서 공평함을 바란다는 초기의 사고에 기반하여, 지그리스트 교수는 노동자들이 일터에서 자신의 노력과 보상 사이에 균형을 얻기 위해 분투한다고 주장했다. 여기서 '노력'은 직무 요구를 충족시키기 위한 노력을 의미한다. 이 개념은 로버트 카라섹의 JDC(-S) 모델에서의 직무 요구 개념과 유사하지만, 시간제한으로 인한 압박이나 초과 근무처럼 피고용인에게 부과되는 의무들도 포함한 개념이다. 일반적으로 직업적 '보상'은 고용주와 사회가 분배하는데, 이러한 보상은 구체적으로는 금전, 존경이나 인정, 노동자로서 자신의 역할을 지속할 수 있는가에 대한 통제력, 다시 말해 직업 안정성과 직업상 기회가 주어지는 정도를 말하는 지위 통제력 등이다. 노동자는 자신이 일에 투자한 노력보다 더 많이 보상받는 상황은 어려움 없이 받아들일 것이다. 하지만 일에 들이는 노력보다 적은 보상을 받게 되면, 스트레스와 중압감 같은 부정적 감정이 강하게 나타날 것이다. 결국, 오랜 시간에 걸쳐 높은 수준의 만성적 스트레스에 시달리면 마침내는 건강과 웰빙에 부정적 영향을 준다.[8]

지그리스트는 노동자들이 많은 노력-적은 보상의 일을

떠맡거나 유지하는 이유로 세 가지를 들었다. 첫째, 노동자들이 이런 상황을 받아들일 수밖에 없는 처지에 있을 수 있다. 이를테면, 50세가 넘었거나 경제적 위기 등, 개인적 혹은 경제적 요인으로 인해 대체 가능한 고용 기회가 거의 없을 수 있다. 둘째, 전략적 이유로 이런 상황을 받아들이는 경우가 있을 것이다. 예를 들어, 박사 과정 학생들은 낮은 직업 안정성과 낮은 보수를 얻으면서도 자신의 일에 많은 노력을 기울여야 하지만, 이러한 일은 장래에 종신 교수로 선발되기 위한 필수적인 디딤돌과 같은 것이다. 그러므로 박사 학위를 취득하는 일은 자신의 경력에 있어 일종의 투자이다. 이러한 학위 없이 학계에서 일자리 잡기는 사실상 불가능하기 때문이다. 셋째, 직무 요구를 대처하는 방식에 있어, 인정받고자 하는 욕구가 강하게 나타나는 사람들이 있을 수 있다. 이렇게 '과도하게 열성적인' 사람들은 많은 노력-적은 보상 상황에 융통성 없이 대응하며, 이에 따라 결국엔 덜 열성적인 사람들보다 중압감을 경험하기 쉽다.

여러 재검토 연구들은 노력-보상 불균형이 건강과 웰빙에 부정적인 영향을 준다는 생각에 힘을 실어 주었다. 심한 불균형을 호소한 노동자들은 심혈관 통증을 더 많이 경험하는 경향이 있었고, 높은 콜레스테롤 수치와 고혈압처럼 그런 통증에 대한 위험 요인 측면에서도 높은 점수를 기록했으며, 번아웃 증후군처럼 다른 사람들보다 웰빙 수준이 더 낮다고 보고되었다. 과도한 열성은 부정적인 결과로 연결되었다. 실제로, 매우 과도하게 열성적인 노동자의 경우, 심혈관 질환을 갖거나 심지어 심혈관 질환으로 사망할 위험이 1.2배에서 많게는 4.5배까지 더 높았다. 더 나아가, 과도한 열성과 불균형 모두 비정상적인 면역 체계와도 연관이 있었으며, 과도하게 열성적인 노동자와 불균형을 경험한 노동자는 다른 노동자들보다 병이 나는 경우가 그야말로 훨씬 많았다.[9,10]

확실히 노동자가 자신의 일에 투자하는 노력과 이러한 노력에 대한 대가로 받는 보상 사이에 바람직한 균형을 이루는 것이 노동자의 건강과 웰빙을 위해 중요하다. 실질적인 관점에서, 이 노력-보상 불균형 모델은 노력(직무 요구)과 보상(금전, 인정받음, 직업 안정성이나 직업상 기회) 사이의 공정한 균형이 얼마나 중요한지 강조한다. 그러므로 웰빙을 증진시키고자 하는 조직은 직원이 자신의 업무에 쏟아부어야 하는 노력을 줄여주고, 직원이 인정받는 경험을 더 많이 할 수 있도록 하고, 보수 체계와 직업 안정성을 개선하는 등 직원들에 대한 보상 체계를 개선하는 것에 집중해야 할 것이다.

비타민, 직무 요구 그리고 자원

앞서 논의한 모델들은 우리가 일, 일의 설계, 일이 노동자의 건강과 웰빙에 미치는 영향들을 어떻게 바라보아야 하는가와 관련하여 매우 중요한 자료였고, 지금도 여전히 중요하다. 아마 그 밖의 모델들은 앞서의 모델들만큼 일반적이거나, 영향력 있거나, 혁신적이지는 않겠지만, 그래도 몇몇 모델은 여기에서 언급할 가치가 있다. 앞에서 말한 모델들은 업무에서 자율권, 다양성, 타인과의 교류가 많은 것이 항상 바람직한 것처럼, 다시 말해 더 많을수록 더 좋다는 결론을 제시하는 것처럼 보일 수도 있다. 하지만, 셰필드 대학의 피터 와르Peter Warr 교수에 따르면, 직무 특성이 성과와 웰빙에 미치는 효과는 비타민이 건강에 미치는 효과와 비슷하다. 적은 섭취량에 의한 비타민 부족은 생리 장애와 나쁜 건강으로 이어진다. 그러나 일일 권장 섭취량에 도달하면 추가로 섭취해도 더 많은 이득을 얻지 못한다. 실제로, 일부 비타민의 경우는 너무 많이 섭취하면 몸에 해로울 수 있다. 예를 들어, 오랜 시간에 걸쳐 비타민 A를 너무 많이 섭취하면 간과 뼈가 상할 수 있다. 반면 비타민 E 과다 섭취에 대한 부작용은 알려진 것이 없다. 피터 와르 교수의 '비타민Vitamin 모델'은 직무 특성이 비타민처럼 작용한다고 주장한다. 특정한 직무 특성이 존재하지 않으면 항상 일정한 형태의 불행으로 이어지지만, 그러한 특성이 일정 수준을 넘어 존재하면 비타민 E 과다 섭취의 경우처럼 더는 행복을 증가시키지 않으며 비타민 A 과다 섭취의 경우처럼 심지어 해로울 수도 있다.[11] 이러한 논리는 흥미로우면서도 중요하다. 잘 설계된 업무는 모름지기 다양성, 자율성, 기술 재량권, 직무 요구, 타인과의 원활한 교류 등을 갖추어야 하지만, 어디까지나 적정 수준까지만이어야 한다. 처음에는 이로운 것이었어도 너무 많아지면 바람직한 결과를 내지 못하고, 심지어는 역효과를 낳는다.

마지막으로, 앞서 논의한 접근법들은 모두 특정 집합의 직무 특성들에 초점을 맞추고 있다. 직무 요구, 통제력, 지원, 그리고 다양성이 그 예이다. 그러나 이러한 특성들이 '모든' 직무에 있어 생산성과 웰빙에 필연적이고 똑같이 중요한 것은 아니다. 또한 앞서 말한 모델들에 특정한 직무에서의 생산성, 동기 부여, 웰빙에 중요한 '모든' 특성들이 포함된 것도 아니다. 그러므로 모든 직무에 있어 보편적으로 중요한 직무 특성들로 구성된 고정적인 집합들이 있다는, '추측에 근거한' 생각은 접어두는 것이 최선이라고 할 수도 있다. 오히려, 노동자의 생산성, 동기 부여, 웰빙과 관련이 있는 특성들은 직무에 따라 달라질 수 있다. 예를 들면, 간호사의 일은 감정적으로 요구되는 수준이 높기 때문에 감정적 지원이 중요할 것이다. 그러나 이런 종류의 지원은 가령 건축가의 직무에서는 훨씬 덜 중요할 것이다.

이러한 생각들로 인해 2000년대 초에 '직무 요구-자원 Job Demands-Resources 모델'이 개발되었다.[12] 이 모델에서는 직무 특성을 크게 둘로 구분 짓는다. 한쪽에는, 직무 요구들이 있다. 높은 직무 요구는 특히 중압감과 번아웃 증후군 같은 건강 악화와 강한 연관이 있다. 다른 한쪽에는, 직무에 자원이 포함된다. 이러한 자원은 일의 목표를 달성하는 데 도움을 주고, 직무 요구의 부담을 줄이고, 이와 관련된 생리적, 심리적 비용을 감소시키고, 개인의 성장과 개발을 자극할 수 있는 것으로 정의된다. 사회적 지원, 기술 재량, 자율성, 피드백, 직업 안정성, 금전적 보상 같은 직무 특성들이 이 범주에 들어간다. 이러한 자원은 특히 동기 부여, 직무 몰입과 강한 연관성을 가진다.

카라섹의 직무 요구-통제 모델과 유사하게, 높은 수준의 자원이 있는 경우, 높은 직무 요구의 부정적 효과는 약화되거나 긍정적으로 바뀔 것으로 추측된다. 이 모델을 이용한 연구들이, 해크먼과 올드햄, 로버트 카라섹, 요하네스 지그리스트의 모델에 포함된 직무 특성에 초점을 맞춘 경우가 많기 때문에, 직무 요구-자원 모델에 대한 비슷한 수준의 경험적 뒷받침이 존재하는 것도 놀랄 일은 아니다.[13] 다른 접근법과 비교하여 이 모델이 가지는 가장 큰 장점은 간단함과 유연함에 있다. 이 모델은 다른 많은 종류의 직무에 사용될 수 있으며, 모든 종류의 직무와 심지어는 개인적 특성까지도 포함시킬 수 있다.

직무의 특성과 행복: 동기 부여의 역할

이 장에서 논의한 모델들은 다음과 같은 가정을 하는 경우가 많다. 직무 요구 수준은 높으면서 사회적 지원과 직무 통제력 같은 가치 있는 직무 특성들이 없는 상황은 본질적으로 스트레스를 유발한다. 직무 목표를 달성하기 어렵기 때문이다. 이와는 다른 관점에서, 연구자들은 일이 인간의 다양한 기본적 욕구를 충족시킬 수 있으며, 이 욕구들이 충족되는 정도가 피고용인의 활동에도 영향을 미친다고 주장했다. 리처드 라이언Richard Ryan과 에드워드 데시Edward Deci가 개발한 '자기-결정self-determination 이론'에서는 이러한 욕구를 다음의 세 가지로 구별한다. 첫째, '자율성'에 대한 욕구는 선택과 자유 의지를 가지고 싶은 개인의 욕망을 나타낸다. 둘째, '관계'에 대한 욕구는 타인과의 긍정적 관계, 상호 간의 존중, 보호, 의존을 경험하고자 하는 욕구를 의미한다. 셋째, '역량'에 대한 욕구는 어려운 과제를 성공적으로 완수하고 바라는 결과를 획득하고자 하는 욕구를 가리킨다.[14]

연구에 따르면, 이러한 욕구의 충족은 직무 지속성, 높은 성과, 만족, 조직에 대한 헌신, 심리적 웰빙과 같은 긍정적인 결과와 관련이 있다.[15] 가장 중요한 점은, 이러한 욕구 충족이 높은 수준의 '자율적 동기 부여'로 이어진다는 것이다. 높은 수준의 자율적 동기 부여가 있는 노동자는 자신이 원하고 선택했기 때문에 일에 몰두한다. 이러한 노동자는 자신의 직무에 관심이 있으며, 직무 수행을 즐기고, 이러한 직무가 개인적으로도 중요하다고 여긴다. 또 한 가지 주목할 것은, 자율적 동기 부여가 외적 동기 부여의 반대 개념이라는 점이다. 외적 동기 부여의 경우에는 노동자가 임금 또는 보너스 같은 외부 보상을 얻거나, 혹은 처벌을 피하고자 특정 행동이나 활동에만 몰입한다. 모든 형태의 동기 부여가 높은 성과로 이어질 수도 있지만, 자율적 유형의 동기 부여만이 높은 수준의 노동자의 행복과 웰빙으로 이어진다.[16]

벨기에와 네덜란드 심리학자들의 한 연구에 따르면, 사회적 지원과 자율성 등의 직무 자원은 있으면서 높은 직무 요구가 없는 상황은, 앞서 언급한 세 가지 기본적 욕구를 한층 높게 충족하는 것으로 나타났다. 또한 이러한 욕구가 좌절되면 번아웃 수준의 상승과, 몰입 수준의 하락에서 볼 수 있듯이, 행복의 수준이 낮아졌다. 더욱이, 높은 수준의 몰입과 낮은 수준의 번아웃은 자율성을 증가시키고 외적 동기 부여의 가능성을 줄여 주었다. 종합적으로 보았을 때, 이 연구는 특정 직무 특성의 존재가 인간의 일정한 기본 욕구를 충족시키거나 좌절시킬 수 있으며, 결국 노동자가 일터에서 행복, 번아웃, 몰입, 자율적 동기 부여를 경험하는 정도에 영향을 준다는 것을 보여준다.[17,18]

현실적 관점에서, 이 연구는 생산성과 웰빙을 증대시키기 위해서는 고용주가 직원들의 자율적 동기 부여를 최대화하기 위해 힘써야 한다는 점을 시사한다. 자기 일을 매우 좋아하고 자기 일이 개인적으로 중요하다고 여기는 노동자는 행복하고 생산적인 직원이 될 가능성이 크다. 이렇게 바람직한 상태는 자원은 증가시키고, 요구는 감소시킴으로써 실현될 수 있을 것이다.

일할 때의 행복을 증진하기

이번 장은 고용주가 노동자의 행복에 신경을 써야 하는 그럴 만한 이유가 있다는 가정에서 출발했다. 이 장의 주요 결론은 첫째, 노동자의 행복과 생산성이 모두 향상되는 방식으로 직무가 설계될 수 있다는 점이다. 직무 특성들을 적절히 혼합하여, 조직은 한편으로는 노동자가 열심히 일하고 생산적이 되도록 자극하고, 다른 한편으로는 노동자의 웰빙과 행복을 증진시키는 직무를 설계할 수 있다. 잘 설계된 직무로 인해 노동자의 기본적 욕구가 충족되면, 노동자의 자율적 동기 부여, 생산성, 행복은 증가한다. 직무의 특성들이 노동자의 건강에 미치는 효과를 과소평가해서는 안 된다. 앞서 살펴본 바와 같이, '건강하지 않은' 일은 웰빙에 영향을 줄 뿐만 아니라 대체로 심혈관 질환으로 인한 사망 가능성도 증가시킨다.

둘째, 어떤 특성들이 행복과 동기 부여를 증가시키는 데 가장 중요한가와 관련하여 이 장에서 논의한 접근법에서는 다양한 답을 제시한다. 그러나 두 가지 직무 특성이 특히 중요하게 부각된다. 첫 번째는 노동자가 다른 사람들과 의미 있는 상호 교류를 지속할 수 있는 정도이다. 인간관계 운동의 사상과도 일치하듯, 동료, 상급자, 고객, 학생 등과 맺는 직장에서의 사회적 관계의 질은 노동자의 행복을 좌우하는 매우 중요한 요소이다. 두 번째는 노동자가 자신의 직무에 영향력을 행사할 수 있는 정도로, 여기서 중심 개념은 자율성, 기술 재량, 직무 통제력 등이다. 주목할 점은, 직무 통제력의 증가로 노동자의 행복과 성과가 개선된다는 연구 결과는 프레더릭 테일러의 주된 원칙과 정반대라는 점이다. 테일러는 노동자의 성과를 증대시키기 위해서는 업무 계획과 업무 실행이 분리되어야 한다고 주장했다(2장 참고). 높은 수준의 통제력을 갖는 것의 핵심은 노동자가 스스로 자신의 업무를 계획하도록 허용하는 것으로, 테일러가 구상했던 '단 하나의 최선의 방법'은 존재하지 않는다는 뜻을 포함한다. 오히려, 노동자가 자신의 업무를 실행할 다양한 방법을 실험해 보고, 스스로 자신에게 어떤 방법이 제일 잘 맞는지 선택할 수 있도록 해야 한다. 이렇게 되면 노동자의 동기 부여, 기술, 행복, 생산성 증가로 이어질 것이다.

셋째는, 런던 지하철의 빅토리아 선을 타는 것이 월섬스토에서 핌리코까지 가는 유일한 방법이 아닌 것과 마찬가지로, 이 장에서 소개된 개괄적인 내용에 따르면, 바람직하고, 건강하고, 생산적인 일을 이루는 것이 무엇인가에 대해서는 다양하고 많은 견해가 있다. 선택할 수 있는 모델이 아주 많으므로, 직무를 설계하는 일이 쉽지는 않을 것이다. 하지만, 서로 다른 모델들이 제공한 견해가 용이하게 결합될 수 있음에 주목해야 한다. 더욱이, 여기서 논의한 접근법들에서는, 어떻게 하면 직무 설계가 엉망이 될 수 있는지도 보여준다. 금전적 인센티브에만 초점을 맞춰 노동자의 행복은 등한시하고, 노동자에게 자신의 직무에 대한 통제력을 전혀 허용하지 않고, 직무의 의미와 중요성을 박탈하는 등의 일이 이러한 결과를 초래한다. 이런 의미에서, 이 장에서 살펴본 생각들은 현역 종사자들에게 직무가 어떻게 개선될 수 있는지 혹은 악화될 수 있는지와 관련하여 유용한 통찰력을 제공해 줄 수 있다.

마지막으로, 여기서 한 가지 짚고 넘어갈 중요한 사실은, 이 장은 주로 직무의 특성에 초점을 맞추었다는 점이다. 그러나 일은 사람이 하는 것이고, 사람은 각자 자신만의 고유한 특성, 욕구, 이익, 능력을 가진다. 네덜란드 워크센터에서 일하는 한 정신 장애 노동자는 건조 즉석 수프곽을 포장하는 일을 맡고 있었다. 수프 12곽을 한 상자에 넣는 일을 하루 종일, 일주일 내내 했다. 세상에 이보다 더 지루한 일이 있을까? 하지만 자신의 일이 충분히 다채롭다고 생각하는가에 대한 질문을 받았을 때, 이 노동자는 명랑하게 얘기했다. “내 일은 정말 다양해요. 월요일에는 토마토 수프를 포장했고요, 오늘은 야채 수프를, 내일은 닭고기 수프를 포장할 거예요!” 확실히, 어떤 일에 대한 노동자의 평가는 해당 직무의 특성에만 좌우되는 것이 아니라, 그 직무를 맡은 사람에 따라서도 좌우된다. 이제 한 가지 중요한 질문이 있다. 조직이 직무에 가장 적합한 사람을 뽑기 위해서는 어떻게 해야 할까?

05

업무 환경에 최적화된 사람

첫 번째 조각그림 맞추기 퍼즐은 런던의 지도 제작자 존 스필베리John Spilsbury가 1760년경에 만들었다. 그는 자신의 세계 지도 하나를 꺼내어 나무 판에 붙이고 각 나라를 파내어 '조각난 지도'를 만들었다. 이렇게 해서, 스필베리는 그 후로 아동들이 지리 공부하는 데 도움이 되어 준 교육용 장난감을 만들어 냈다. 어른용 퍼즐은 1900년대에 들어서야 등장했다. 세계에서 가장 어려운 퍼즐은 340조각의 퍼즐로, 검정, 하양, 빨강, 노랑, 흐린 파랑 물감을 캔버스에 흩뿌려 제작한 잭슨 폴록Jackson Pollock의 추상 및 인상

주의 콜라주 액션페인팅 작품, '컨버전스Convergence'가 프린트되어 있다.

조각그림 맞추기 퍼즐의 핵심은 각각의 조각이 단 하나의 방법으로만 퍼즐에 맞는다는 점이다. 다시 말해, 조각의 모양과 그림이 인접 조각들의 모양, 그림과 완벽하게 일치해야 한다. 컨버전스가 정말로 세계에서 가장 어려운 퍼즐일까? 다른 그림 맞추기 퍼즐과 비교하면, 특히 현재 재인쇄된 1,000개 조각 퍼즐은 그럴지도 모른다. 하지만 많은 경영자와 인적 자원 전문가의 증언처럼, 조직의 특정 직무에 최적의 사람, 다시 말해 그 직무에 딱 맞고 조직을 완벽하게 만들어줄 사람을 찾는 것이 적어도 조각그림 맞추기만큼 복잡할 수 있고, 때로는 이보다 훨씬 더 많은 시간이 필요할 것이다.

이번 장에서는 조직의 특정 자리에 적합한 사람을 선발하는 것에 대한 심리학적 견해를 논한다. 2장과 3장에서는 업무 성과의 최적화에 초점을 맞춰 업무와 급여 방식을 집중적으로 다루었고, 3장과 4장에서는 노동자의 기본 욕구, 행복, 동기 부여 등의 특성을 다루었다. 이번 장에서는 이 두 가지 견해들을 하나로 묶어, 노동자와 근무 환경을 최적화 상태로 조합하는 데 초점을 맞춘다. 여기서는 일부 노동자들이 다른 노동자들보다 관심, 성격, 능력 등의 면에서 특정 자리에 더 잘 맞을 수 있다는 것을 기본 전제로 한다. 그렇다면 문제는 마치 정확한 위치에 놓인 퍼즐 조각처럼, 모든 자리를 각 자리에 적합한 노동자들로 어떻게 채울 것인가 하는 일이다. 이는 직원의 모집 및 평가와 선발, 노동자의 성격 특성과 기술의 측정, 현장 연수와 훈련의 영역이다. 1900년대에는 경영자와 고용주가 이러한 주제에 대해 전혀 알지 못했다. 그러나 프레더릭 테일러는 모든 노동자가 모든 종류의 직무에 똑같이 적합하지 않으며, 심지어 노동자가 특정 직무에 맞는 신체적 능력을 가지고 있어도 마찬가지라는 생각을 이미 하고 있었다. 예를 들어, 테일러가 고정 직업으로 선철을 취급해야 하는 노동자를 선발할 때 내걸었던 요구 조건은 신체적으로 강인하지만, '정신 수준'은 '딱 황소 정도'인 사람이었다.[1] 그러나 이러한 주제에 대한 체계적이고, 제대로 통합된 심리적 견해는 아직 없는 실정이었다.

정신 기법: 실제 생활에 심리학을 적용

1863년 프로이센의 단치히 항구(현재 폴란드의 그단스크)의 성공한 목재상의 셋째 아들로 태어난 후고 뮌스터베르크Hugo Münsterberg는 1883년 라이프치히 대학에 입학했다. 1879년 세계 최초로 심리학 연구실을 연 저명한 심리학자 빌헬름 분트Wilhelm Wundt의 강의를 듣고 나서, 뮌스터베르크는 분트를 지도 교수로 하여 1885년 생리 심리학 박사 과정을 밟았다. 학위를 취득한 후, 뮌스터베르크는 프라이부르크 대학에서 강의를 시작했다. 이때 뮌스터베르크는 자신의 개인 아파트 방 두 칸을 심리학 연구실로 만들어 인지 심리학 분야의 연구를 진행하고 주의, 기억, 학습과 같은 주제에 파고들었다.[2] 1891년에 그는 조교수로 승진한다. 한 과학 회의에서 유명한 하버드 대학 심리학 교수 윌리엄 제임스William James를 만난 후, 제임스 교수는 뮌스터베르크를 하버드 대학으로 초빙하여 그곳의 심리학 연구실을 맡도록 한다. 1895년에 프라이부르크에 잠시 돌아왔다가, 뮌스터베르크는 1897년에 하버드 대학의 정교수로 재임명되어 심리학 연구실에서 연구하면서, 미국 심리학회American

Psychological Association 회장 같은 다양한 요직을 거쳤다.

당시에 뮌스터베르크는 과학계와 일반 대중 사이에서 유명했다. 심리학자들이 연구에서 얻은 통찰력을 실제 생활에 응용해야 한다는 자신의 믿음을 열정적으로 실천하고 다녔기 때문이다. 다른 기술 과학과 마찬가지로, 심리학이 '인간의 발전을 위해 이론적 지식을 응용하라고 가르친다. (그것은) 우리가 어떤 목적을 이루고자 한다면 무엇을 해야 하는지 알려준다'[3]는 심리학적 응용 이후로 뮌스터베르크는 이를 가리키는 '정신 기법psychotechnics'이란 신조어를 만들어 냈다. 그는 토론학, 마케팅, 심령술, 정치학, 영화 이론, 여성학 등 매우 다양한 분야에서 이러한 응용에 대해 광범위하게 저술 활동을 했다. 뮌스터베르크는 말 그대로 동에서 번쩍, 서에서 번쩍했던 것 같다. 때로는 다른 사람들이 당혹스럽다고 여길 정도였다. 1909년 한 익명의 작가는 우스꽝스러운 표현을 담아, 뮌스터베르크에 대한 시를 짓기도 했다.

이 우주 만물 어느 것에도
대단한 그의 손길 닿지 않은 것 없는데

그는 맨날 저주만 퍼붓지
우리가 애지중지 붙들고 있는 것에도
……
내가 늘 두려움에 떠는 것은
그의 지혜는 어느 곳이든 닿으니
언젠가 아침은 이렇게 결심할지 모르지
우리는 이제 사람일 권리도 없다고.[2]

뮌스터베르크와 산업 심리학

우리의 목적과 관련해서는, 뮌스터베르크의 산업 심리학에 대한 기여가 가장 중요하다. 프레더릭 테일러의 열렬한 숭배자였던 뮌스터베르크는 '새로운 과학 체계의 틀을 제시하여 현대 실험실 위주의 심리학과 경제학적 문제들을 연결하고, 심리학 실험이 체계적으로 상업과 산업을 뒷받침하는 위치에 서게 되는 것'을 목표로 했다. 테일러가 노동자의 신체와 관련해 연구했다면, 뮌스터베르크는 노동자의 정신에 대해 연구했다고 말할 수 있을 것이다. 산업 및 직업 심리학에 대한 연구에서, 뮌스터베르크는 정신 기법이 다음의 세 가지 주요 문제를 다루어야 한다고 주장했다. 이는 바로 '가장 적합한 사람을 찾는 방법, 최적의 업무를 만들어 내는 방법, 최고의 효과를 얻는 방법'이다.[3]

가장 적합한 사람 찾기

첫 번째 문제, 가장 적합한 사람을 찾는 방법을 다루면서, 뮌스터베르크는 네 가지 주요 단계를 제시했다. 첫째 단계에서는 직무에서 어떤 목표를 성취할 것인지 정한다. 그는 직무를 구성하는 활동들은 사실상 인간의 요구 또는 욕구를 충족시키는 방법들이라고 주장했다. 이러한 요구는 노동자 자신의 것일 수 있다. 뮌스터베르크는 예컨대, 지원, 사치, 권력, 명예, 기쁨에 대한 요구 같은 '이기적 요구'와 진리, 아름다움, 도덕, 진보, 정의, 종교 등의 '이상적 요구'를 구분했다. 이러한 요구는 또한 동시대 인류의 요구일 수도 있다. 여기에 정부, 법, 보호, 교육, 위생에 대한 요구 같은 '공공의 요구'와 의식주, 교통, 건강, 오락 등의 '개인적 요구'도 있다. 일을 잘 수행하기 위하여 노동자는 적합한

'지식'을 가지고 있어야 함은 물론, 일을 수행할 '능력'이 있어야 한다. 하지만 노동자가 그 일에서 만족감을 얻으려면, 달성하려는 요구에 '관심'을 가져야 한다.

둘째 단계에서는 일을 잘 수행하려면 어떤 지식과 능력이 필요한지 정한다. 예를 들어, 토목 기사는 교통수단에 대한 인류의 요구를 수행한다. 따라서 토목 기사는 관련 공학을 알아야(지식) 하고, 지식을 실행에 옮길 수 있도록 능력을 갖추고 훈련도 받아야(기술) 한다. 그러나, 토목기사가 일을 성공적으로 해내려면 비즈니스, 금융, 건축, 예술사에 대한 지식도 어느 정도 갖추어야 한다. 그가 만들어 내는 창작품은 짓기만 하면 되는 것이 아니라 재정 뒷받침도 있어야 하고, 유지보수도 필요하고, 보기에도 좋아야 하기 때문이다.

셋째 단계에서는 해당 일자리에 관심을 보이는 노동자가 업무에 적합한지를 살펴본다. 정신 기법의 목표는 '정신적 특성에 비추어 보아, 경제성을 지닌 특정 업무에 적합한 성격을 지닌 사람들'을 선별해 내는 것이었다. 이러한 맥락에서, 여기서 말하는 '성격'은 성격적 특성뿐만 아니라 지능, 기술, 지식, 경험까지 포함하는 개념이다. 오늘날과 마찬가지로, 당시 고용주는 새로운 직원을 뽑을 때, 지원자가 기대하는 지식과 기술을 가졌는지를 증거에 의존하는 것이 일반적이었다. 증거란 예를 들어, 이전 고용주가 작성해 준 추천서, 교육 이수 증명서 그리고 당연히 지원자에게서 받은 인상이 포함된다. 그러나 뮌스터베르크는 이러한 절차로 완전히 부적합한 사람을 가려낼 수 있을지 모르지만, 지원자의 '진정한 정신적 특성과 내면적 특징'은 발견할 수 없다고 느꼈다.

이러한 사람들의 성격을 파악할 수 있는 또 다른 방법은 당시에 자주 사용되던 방법인 '자기 성찰'이었다. 즉, 사람들에게 자신에 대해 생각해 보라고 한 후, 다음과 같은 질문에 답하게 하는 것이다. "당신은 자연스럽고 편하게 미소 짓고, 미소가 진심에서 우러나오나요, 아니면 평소에 표정이 없나요?", "당신은 호감이나 애정을 표현하는 편입니까, 아니면 후세에, 아니면 다른 별에서, 아니면 친척이나 친구들 장례 치른 후에나 표현하려고 감정을 억누르나요?"[4] 뮌스터베르크는 이러한 방법들은 젊은이들이 자신에게 적합한 직업을 선택하는 데 약간의 도움이 될 수는 있지만, 효용성은 제한적이라고 지적했다. 이미 자신에 대해 잘 알고 있는 사람만이 그런 질문에 정확하게 대답할 수 있기 때문이다. 그럴 때 이런 테스트는 불필요하다.

그러므로 뮌스터베르크는 "일반적인 자기-관찰 방법을 심리학 연구실에서의 객관적 실험으로 대체해야 한다"고 주장했다. 연구실에서는 반응 시간, 기억 능력, 학습 능력, 그리고 기타 실행과 관련 있는 특성들을 객관적이고 과학적으로 기록할 수 있다.

> 따라서 정신 기법에서의 문제는 업무에 필요하고 바람직한 정신적 특성과 관련하여, 경제성이 있는 분명한 업무를 분석하는 데 있다. 우리는 이러한 정신적 특성을 테스트할 방법을 찾아야 한다.…… 직업적 요구와 개인의 역할, 두 가지 측면 모두가 똑같이 과학적으로 철저하게 분석된다.

예를 들어, 뮌스터베르크는 주의집중 테스트를 고안했다. 이 테스트에서 30명의 여성 참가자들에게 당일 조간신문의 한 면을 나누어 주었다. 실험자의 신호에 따라 참가자들은 주어진 6분 동안, 신문지에서 글자 A를 찾아 선을 그었다. 몇 글자를 지우고, 몇 글자를 놓쳤는가를 분석하여 주의집중에 대한 개인적 차이를 도출해 냈다. 그러고 나서 참가자들을 테스트 성적에 근거하여 비교하고 순위를 매겼다.[2] 따라서 셋째 단계는 직무에 대한 개인의 적합성 발견하기를 포함한다. 자기 성찰이나 주관적 인상에 근거하지도 않았고, 2장에서 살펴본 프레더릭 테일러의 '과학적' 노동자 선별도 사용하지 않았다. 그러나 심리학 연구실에서 얻은 통찰력을 근거로 했다. 연구실에서는 직무에 적합하다고 여겨지는 개인의 특성들을 이용해 특별히 고안한 실험 테스트를 사용했다. 이러한 테스트에서 지원자의 성과를 비교하여, 고용주는 직무에 가장 적합한 사람을 찾을 수 있었다.

최적의 업무와 최고의 효과

산업 심리학의 또 다른 두 가지 목표인 최적의 업무를 만들어내는 방법, 최고의 효과를 얻는 방법에 대해 말하자면, 뮌스터베르크는 이 두 문제에는 큰 관심을 두지 않았다. 업무에 가장 적합한 사람이 발견되면, '학습과 훈련'을 통해 특정 업무에 알맞도록 지식과 정신적 능력을 길러낼 수 있고, 결과적으로 업무에 가장 적합한 사람이 스스로 최적의 업무를 만들어 낸다. 최고의 효과를 얻기 위해서는 업무 현장에서 효율성을 감소시키는 것은 모두 없애고, 효율성을 증가시키는 것은 모두 도입해야 한다. 뮌스터베르크는 프레더릭 테일러의 과학적 경영관리법과 길브레스 부부가 고안한 시간-동작 연구를 효율성 증가의 전형적인 예로 지목하며, 후자의 연구에서 "인간 동작의 끝없는 낭비와 정신생리학적 노력"을 다루었다고 주장했다. 더 나아가 뮌스터베르크는 어떤 업무는 매우 지루할 수 있다는 점을 인정했지만, 이런 문제는 '연속적이고 획일적이어서 쉽게 이해할 수 있는 업무를 선호하는 정신적 성향의 사람들', 즉 반복적이고 지루한 일을 참아낼 수 있는 사람을 선택함으로써 해결할 수 있었다.

후고 뮌스터베르크는 1916년 53세의 나이에 강의 도중에 사망했다. 비교적 짧은 생을 살았지만, 그는 심리학을 180도 변화시켰다. 이전만 해도 심리학은 연구실에서 복잡한 실험을 수행하는 것에 제한되었던, 다소 모호하고 자기 초점적 학문이었다. 뮌스터베르크는 심리학을, 일상생활에 크게 개선을 가져올 수 있는 잠재력이 있다고 널리 인정받는 학문으로 만들었다. 이러한 점은 특히 산업 심리학 분야에서 두드러졌다. 그는 노동자 '성격'에 대한 과학적, 실험적 연구의 중요성을 주장한 사람 중 하나였으며, 요구조건 면에서 직무가 어떻게 하면 체계적으로 분석될 수 있는지 보여주고, 직무와 노동자가 딱 맞아야 함을 강조했다. 그의 영향력이 가장 눈에 띄었던 분야는 인사 심리학 분야로, 그는 직무의 분석 및 설계와 노동자의 평가, 선발, 훈련을 집중적으로 연구했다. 특히 후자의 주제는 일반 대중의 많은 관심을 받았다. 고용주, 전문가, 지원자를 막론하고, 거의 모든 사람이 이러한 측면의 인사 심리학과 마주치게 되기 때문일 것이다. 따라서 이 장의 나머지에서는 성격과 기술에 대한 평가와 직원 연수 프로그램의 유효성에 관해 현재 어떤 견해들이 있는지에 초점을 맞출 것이다.

가장 적합한 사람 찾기: 지식, 기술, 능력, 기타 특성

뮌스터베르크 사후 수십 년 동안, 선발과 평가 분야를 연구해 온 심리학자들은 직원의 기능과 관련한 특성을 크게 지식, 기술, 능력, 기타 특성의 네 가지 범주로 나누고 KSAO로 명명했다. 때로는 '주요 역량competencies'을 의미하기도 하는 다음의 네 가지 범주의 특성들은 뮌스터베르크가 사용한 용어보다 더 공식화되고 확장된 것으로 생각할 수 있다.

- '지식Knowledge'은 지원자가 일단의 조직화된 정보를 소유하고 있는 정도, 다시 말해 사실과 절차를 알고 있는가를 나타내는 것으로, 지식을 응용할 경우 적절한 직무 수행이 가능하다. 예를 들어, 진공 청소기를 판매하는 방문 판매원은 '청소기를 어떻게 작동시키는가?', '젖은 바닥에 사용할 경우 사용자가 감전사의 위험을 감수하는 것인가?' 같이 자신이 판매하는 상품의 특징을 잘 알고 있어야 한다.
- '기술Skills'은 지원자가 사람, 자료, 사물, 생각을 성공적으로 다룰 수 있는 정도를 나타낸다. 이를테면, 방문 판매원은 지금이 이 진공 청소기를 구매할 적절한 시기라는 점을 장래의 고객에게 설득하는 등의 대인관계 기술을 가지고 있어야 한다.

- '능력Ability'은 일정한 신체적, 정신적 또는 정신운동활동psychomotor activity, 즉 기술 습득 능력을 의미한다. 예를 들어, 정신적 능력은 정신적 기술을 배우는 능력이다. 유능한 판매원이라면 스스로 목표를 설정하고, 장래의 고객을 효과적으로 다루는 법을 배울 수 있는 능력이 있어야 한다. 마찬가지로, 우리 중 아주 소수만이 최고의 운동선수가 되는 데 필요한 기술을 배울 수 있는 신체적 능력을 가지고 있을 것이다.
- '기타 개인적 특성Other personal characteristics'의 범주는 태도, 신념, 성격적 특성, 가치관 등을 포함한다. 방문 판매원은 도덕적이고 윤리적 원칙에 지나치게 얽매이지 않고(판매원들은 고객이 새 진공 청소기를 살 형편이 되든 말든 계약을 성사시켜야 한다), 실망감에 잘 대처할 수 있으며(장래의 고객과의 접촉이 대부분 판매로 이어지지는 않는다), 끈질긴 면이 있으면(그들은 당장의 거절을 확정적으로 받아들이면 안 된다) 더욱 크게 성공할 것이다.

성공적인 직원 선발의 핵심은 수행될 업무와 가장 잘 맞는 지식, 기술, 능력, 기타 특성KSAO의 조합을 보유한 지원자들로 특정 직무를 가득 채우는 것이다. 사실상, 지원자들은 자신이 얼마나 직무에 적합한 특징을 가지고 있는가를 보여주도록 설계된 면접, 심리 및 지능 테스트, 평가 센터, 기타 등등, 모든 종류의 수단을 거쳐야 한다.

업무 현장에서의 성격

지금까지, 우리는 '성격'이라는 개념에 대한 명확한 정의를 내리지 않고 이야기를 이어왔다. 간단히 말해, 어떤 사람의 성격은 이 사람과 관련된 생각, 감정, 행동을 가리킨다. 그런 행동과 감정이 시간이 흘러도 안정적으로 나타난다면, 그것은 '성격적 특성personality traits'으로 불린다. 정반대로 이런 행동과 감정이 오로지 임시적이며, 특정한 시간의 상황에 따라 좌우된다면 그것은 '상태states'나 기분이라고 불린다. 특성은 규칙이고, 상태는 규칙에 대한 예외 정도라고 할 수 있다. 이후에 성격을 언급할 때에는, 이러한 안정적인 성격적 특성을 언급하는 것으로 보면 된다.

직원들은 직장 생활을 하면서 어느 단계에서든 성격 테스트를 받는 경우가 매우 흔하다. 이러한 테스트는 특정 자리에 대한 지원 단계일 수도 있고(모집), 그보다도 이전 단계(직업 상담)일 수도 있고, 경력의 중간 단계(예를 들어, 조직 내에서 승진을 꾀할 때), 또는 특정한 조직과의 계약이 종료된 때(재취업 알선 과정의 일환)일 수도 있다. 그러나, 항상 그렇지만은 않다. 1965년 심리학자, 로버트 기온Robert Guion과 리처드 고티에Richard Gottier가 발행한 영향력 있는 재검토 연구 자료에서는 '성격 측정은 특정한 상황에 대해 명확하고 충분한 타당성이 있지 않은 한, 선발 결정에 사용되면 안 된다'고 권고했다.[5] 심리적 테스트의 타당성은 해당 테스트가 측정해야 하는 것을 정확하고 확실하게 측정하는가의 정도를 말하는 것으로, 모든 심리적 테스트의 핵심 개념이다. 앞서 말한 재검토 연구가 직원 선발에서 성격을 측정하는 데 대한 타당성을 뒷받침할만한 증거가 별로 없다고 의문을 제기했기 때문에, 성격 테스트 사용은 역사에서 사라질 수도 있었다.

그러나 이후 수십 년 동안, 수백 건의 연구 자료들이 쏟아져 나오며, 성격 테스트의 타당성을 증명하려 시도하고, 여러 다양한 직업에 존재하는 갖가지 성격 구조와 성과 기준을 사용하여, 이런 테스트가 직무 성과를 예측할 수 있음을 보여주었다. 성격의 '5요인 모델five factor model, FFM' 개발로 이러한 자료의 통합이 매우 쉬워졌다. 1990년경에, 이 분야의 많은 연구자가 주요 5대 요인을 통해 당시에 연구되던 성격 구조의 개념을, 전부는 아니더라도, 대부분 적절하게 나타낼 수 있다고 생각하기 시작했다.[6] 이 '5대' 요인은 다음과 같다. '경험에 대한 개방성'(지적 호기심이 있음, 아름다움에 민감함, 새로운 일을 시도하고자 함), '성실성'(유능함, 근면함, 신뢰할 수 있음, 책임을 다할 수 있음), '외향성'(능동적임, 적극적임, 말하기 좋아함, 따뜻함, 사교적임), '유쾌함'(친절함, 이타적임, 아량이 넓음, 관대함, 겸손함, 솔직함), '신경증적 경향'(불안한 감정, 긴장함, 정서적으로 불안정함, 타인에게 호전적임). 주목할 점은 이 5대 요인이 직무 수행에 있어 항상 동일하게 중요하지는 않다는 것이다. 예술가나 대학교수에게는 경험에 대한 개방성이 높은 것이 중요할 수 있지만, 간호사 일에는 관련성이 적을 수 있다. 외향성은 정치인이나 방문 판매원에게는 바람직한 특성이지만, 주택 청소부에게는 그렇지 않을 것이다. 이는 뮌스터베르크의 생각과 일맥상통하며, 다양한 일은 저마다 다양한 패턴의 성격 특성이 요구된다는 점을 시사한다. 어떤 직무에 누가 가장 적합한 사람일 것인가의 문제는 직무와 사람 양쪽 모두의 특성에 의해 좌우된다.

5대 요인에 초점을 맞추면서, 경영 연구자 머레이 바릭Murray Barrick과 마이클 마운트Michael Mount는 162개 샘플에서 얻은 성격과 직무 성과의 연관성에 대한 연구 결과들을 요약했다.[7] 이들은 FFM의 5대 요인으로 인해 참가자들의 성과 차이가 적게는, 무시할 만한 수치인 경험에 대한 개방성 0.15%에서 많게는 비교적 큰 수치인 성실성 4.8%까지 차이가 난다는 사실을 발견했다. 후자의 수치도 미미해 보일지 모르지만, 이들의 연구 결과는 로버트 기온과 리처드 고티에의 연구 결과와 비교해, 직원 선발 과정에 성격 측정을 포함시킬 가치가 있다는 훨씬 더 낙관적인 전망을 제시하며, 직원 선발 결정에 상당한 유용성을 제공해 주었다.[8]

정신 능력 테스트

'지능' 또는 일반적 정신 능력은 인지 능력 테스트로 측정되는 일반적 특성으로, 언어 및 수학 능력, 문제 해결 능력, 추리, 지각, 기억 등에 초점을 맞춘다. 이러한 능력은 언어, 비언어, 논리, 숫자 추리 테스트 등의 보다 구체적인 하위 테스트에서 더욱 세분될 수 있다. 확실히, 지능의 종류는 한 가지가 아니므로, 어느 종류의 지능이 어느 특정 직무와 가장 관련성이 있는가는 다양한 답이 나올 수 있다. 그러나 이것이 지능과 직무 성과의 연관성에 대해 일반적인 결론을 도출할 수 없다는 의미는 아니다.

비전공자들은 지능이 직무 성과의 주요한 결정 요인이라는 사실을 알고 깜짝 놀라는 경우가 가끔 있다. 심리학자 존 헌터John Hunter와 프랑크 슈미트Frank Schmidt는 그 이유가 노동자들 사이에 발생하는 성과 차이에 대해 사람들이 크게 잘못 이해하고 있기 때문이라고 주장했다.[9] 헌터와 슈미트에 따르면, 블루 칼라와 사무 직종의 판에 박힌 지루한 일처럼 낮은 복잡도의 일의 경우, 생산성이 가장 높은 상위 1%의 노동자는 같은 직종의 '평균치' 노동자보다 최소 53% 더 생산적이다. 공예와 의사 결정을 내리는 사무 직종 같은 중간 복잡도 일의 경우, 이런 차이는 88%로 증가한다. 따라서, 직종 내에서 생산성은 개별적 노동자 사이에 굉장한 차이가 있다. 중요한 점은, 이러한 생산성의 차이가 일반적 정신 능력의 차이와 연관될 수 있다는 것이다. 동일한 직종을 가진 사람들 사이에 나타나는 성과 차이 중

약 28%는 일반 지능의 차이로 설명되는데, 이것은 아마도 일반 인지 능력이 새로운 지식과 기술을 습득하는 능력을 예측하는 강력한 변수이기 때문이다.[10] 그러므로, 노동자를 선발할 때, 조직은 육체 노동직이든 정신 노동직이든, 선발 과정에서 일반 지능을 고려하는 것이 현명할 것이다.

정서 지능

현재로서는, 일반 지능이 직무 성과에 중요한가를 둘러싼 논쟁은 거의 마무리 되었다. 대신 2000년대부터, 다른 종류의 지능이 연구자들뿐만 아니라 일반 대중의 상당한 관심을 끌기 시작했다. '정서 지능Emotional intelligence, EI은 사람이 생각과 행동을 성공적으로 이끌고, 환경의 요구에 잘 대처하기 위해 자신과 타인의 감정을 불러일으키고, 인식하고, 표현하고, 이해하고, 평가하도록 해주는 언어 및 비언어적 능력의 집합'이라고 정의할 수 있다.[11] 많은 노동자가 상급자, 하급자, 의뢰인, 환자, 고객 등 많은 사람들을 다루어야 하기 때문에, EI는 직무 성과에 적지 않은 영향을 줄 것이다.

현재의 연구들도 이러한 생각과 전반적으로 일치한다. 예를 들어, 한국의 257개 소매점 경영자와 1,611명의 직원을 대상으로 한 연구에서, 네덜란드-한국 공동 연구팀은 경영자의 EI와 점포의 화합력 사이에 연관성이 있음을 발견했다. 점포의 화합력은 직원들이 서로를 위하고 점포에 소속감을 느낀다는 것을 보여주는 척도다. 점포의 화합력은 손님을 응대하는 직원의 판매 지향적 행동과 관련되었고, 이는 궁극적으로 점포의 재정적 성과를 예측하게 했다.[12] 대략 6,000명의 노동자를 조사해 얻어진 데이터를 포함한 43개 연구에 대한 메타 분석에 따르면, EI는 관리자가 평가한 근로자 성과 차이의 6~9%를 차지했다.[13] 결론적으로 말해, EI도 직무 성과의 중요한 예측 변수라고 보는 것이 타당하다.

고용 면접

거의 모든 조직에서는 직원 선발을 위해 고용 면접을 사용한다. 고용 면접은 선발 위원회 구성원이 제기한 질문에 대하여 지원자들이 내놓은 답변을 바탕으로 미래의 직무 성과를 예측하려는 의도를 가지고 있다. 관리자와 인적 자원 현역 종사자들은 다른 선발 과정보다 면접을 더 선호하며, 지원자들도 다른 방법과 비교했을 때 면접이 공정한 방법이라고 여긴다.[14] 이는 좋은 소식이다. 그렇지만 면접은 선발 도구로서 얼마나 유용할까? 취업 지원자가 자신을 홍보하는 답변에 근거하여 면접관이 형성한 주관적인 인상이 정말로 해당 자리에 지원자가 적합하다는 실질적인 평가를 제공해줄 수 있는 것일까? 이것이 뮌스터베르크가 말한 직무에 가장 적합한 사람을 찾을 수 있는 신뢰할 수 있고 타당한 방법일까?

1949년 발표된 초기 재검토 연구에서, 당시 설립된 지 얼마 안 된 미국연구협회American Institutes for Research의 랄프 바그너Ralph Wagner는 고용 면접의 타당성과 신뢰성에 관한 106편 자료 내의 연구 결과를 요약했다. 그가 내린 주요 결론은 이와 같다. 첫 번째, 면접의 타당성과 신뢰성은 상황과 면접관에 따라 매우 다르게 나타났다. 다시 말해, 어떤 상황과 어떤 면접관의 경우에는 면접이 매우 효과가 있지만, 다른 상황이나 다른 면접관의 경우에는 그렇지 않았다.

두 번째, 면접은 다른 방법으로는 정확하게 측정할 수 없는 요소를 평가하기 위한 목적으로만 사용되어야 한다. 세 번째, 면접은 표준화된 질문들을 사용할 때 가장 정확하다. 네 번째, 면접관은 지원자에게서 완벽한 정보를 끌어내고 지원자의 행동을 관찰하고 파악하는 데 노력해야 한다. 이 말은 고용 면접이 전문가가 아닌 사람만 좋은 아마추어에 의해 진행되어서는 안 된다는 의미이다. 다섯 번째, 면접에 대한 더 많은 연구가 매우 절실하다.[15]

더 많은 연구에 대한 바그너의 요청은 받아들여졌다. 지난 수십 년 동안 고용 면접과 관련된 연구 논문의 수는 시간이 갈수록 증가했으며, 여러 재검토 연구를 통해 이 연구들의 결과가 간추려졌다. 25,244명 개인의 데이터를 바탕으로 획기적인 재검토 연구 하나가 이루어졌는데, 이 연구의 결과에 따르면 고용 면접의 성적이 개인의 직무 성과 차이의 평균 13%를 차지하는 것으로 나타났다. 면접관이 메모를 작성하고, 지원자 평가에 표준화된 점수 지침을 사용하는 구조화 면접structured interview이 비구조화 면접unstructured interview보다 직무 성과를 더 잘 예측했다. (성과상의 차이가 각각 16% 대 9%로, 다르게 나타났다.) 또한, 흥미롭게도, 인터뷰의 내용이 중요했다. 이를테면, 비용을 낮춰서 갈망하던 상을 받으려고 할 것인가 아니면, 그보다는 회사에 상당한 이익을 가져올 동료를 도울 것인가의 선택을 하는 등의 가상 상황에서 지원자가 어떻게 행동할 것인가에 대한 정보를 얻는 데 초점을 맞춘 면접은, 성과 차이를 더 잘 예측하는 것으로 드러났다. 과거에 실제로 업무에서 했던 행동에 초점을 맞춘 면접과, 신뢰성 같은 심리적 특성을 평가한 면접보다 각각 25%, 16%, 9%로 더 많은 성과 차이를 설명했다.[16] 이후 연구들에서는, 특히 고용 면접이 체계가 잘 잡혀 있고 직무 관련이나 심리적 정보보다는 상황과 관련된 정보 획득에 초점을 맞추는 경우, 고용 면접이 선발 과정에 유용하다는 생각을 더욱 뒷받침해주었다.

평가 센터

평가 센터assessment centre는 그야말로 특정 직무와 관련한 KSAO를 평가하기 위해 사용할 수 있는 다양한 평가 도구 모음을 말한다. 일반적으로 평가 센터는 성격과 인지 능력 테스트, 면접, 한 번 또는 여러 번의 실습이 결합하여 구성된다. 지원자의 수행 성과를, 성과를 평가한 한 명 또는 그 이상의 평가자가 검토한다. 그러고 나서 평가 성적을 고용이나 승진 결정에 이용하거나 후보자의 발전을 위한 피드백으로 제공한다. 평가 센터가 다른 평가 기법과 비교하여 두드러지는 특징은 실습이 포함된다는 점이다. 이러한 실습 중의 하나가 '역할놀이 연습role playing exercise'으로 지원자는 직무를 위해 동기 부여가 필요한 하급자를 관리해야 하는 관리자의 역할을 맡거나(동기 부여와 리더십 기술을 살펴본다), 고객에게 상품을 판매해야 하는 판매원의 역할을 맡는다(상업상 및 대인관계 기술에 집중한다). '인 바스켓 연습in-basket exercise'에서는 관리자의 책상이나 메일함의 문서 업무를 모의 실습한다. 지원자는 한 묶음의 정보를 받으면 읽고, 우선순위를 매겨, 처리해서 사안을 해결한다. 이러한 과제는 지원자의 시간관리, 기획력, 기타 경영 기술을 측정하는 것을 목적으로 한다. '리더 없는 집단토론 실습leaderless group discussion exercise'은 참가자가 정해진 시간 동안에 조직화 되지 않은 그룹에 속하여 주어진 문제를 해결해야 하는 것으로, 대인관계 및 협동 기술을 평가한다. 이 마지막 실습 유형은 조직 문제 분석을 포함한다. 지원자는 서면 권고안을 준비하는 '사례 분석 실습case analysis exercise'을 하거나 상위 경영진을 위해 이에 관한 구두 발표를 하는 '발표 실습presentation exercise'을 한다. 이러한 실습을 통해, 문제 해결 부문의 경영 기술, 전략적 기획력, 정보 처리 능력 등을 테스트한다.

물론, 평가 센터의 내용은 일반적으로 지원자가 채용되어 맡게 될 직무와 관련이 있다. 이러한 실습과 지원자의 특성을 보여주는 보다 전통적인 기법을 결합함으로써, 평가 센터는 선발 과정의 예측 가능성을 높이려는 목적을 지니고 있다. 앞서 논의한 다섯 가지 평가 실습 유형의 예측치를 분석한 69건의 연구에 대한 하나의 재검토 연구에 따르면, 이러한 실습에서 받은 점수 차가 개인의 직무 성과에서도 평균 2~4% 차이를 차지한다는 사실을 보여주었다. 사례 분석과 구두 발표 실습은 직무 성과와 가장 강한 관련성을 보여주었다.[17] 그러나 평가 센터의 실익은 그러한 실습이, 인지 능력과 성격 테스트 같은 전통적 기법을 통해 이미 예측할 수 있는 정도를 넘어서, 정말로 직무 성과 예측에 추가적인 도움을 줄 수 있는지에 달려 있다.

가장 적합한 사람을 찾기 위한 접근법의 비교

이번 장에서는 노동자가 특정 직무를 성공적으로 수행하는 데 필요한 KSAO를 어느 정도 보유하고 있는가를 측정할 수 있는 다양한 접근법에 대해 논의했다. 개괄적인 내용에서 본 것처럼, 일반적으로 보았을 때 참가자들이 인지 능력 테스트에서 받은 점수가 직무 성과에 대한 가장 강력한 예측 변수로, 평균 직무 성과 차이의 28%를 차지한다. 고용 면접은 두 번째 예측 변수이며, 비구조화 면접의 경우에는 성과 차이의 9%를, 구조화 면접의 경우에는 16%를 설명해 주는 것으로 나타났다. 정서 지능은 이러한 성과 차이의 6~9%를 차지한다. 5대 성격 요인은 경험에 대한 개방성의 경우 0.15%에서 많아 봐야 성실성의 경우 4.8%의 성과 차이를 설명한다. 마지막으로, 일반적으로 평가 센터에 포함되는 실습들은 직무 성과 차이의 2~4%를 차지한다.

중요한 점은, 선발 기법을 사용하는 것이 직무 성과 차이를 얼마나 설명할 수 있는가와 관련하여 이러한 수치들을 단순히 합산한다고 전체 추정치가 되는 것은 아니라는 점이다. 이러한 선발 기법은 어느 정도 겹치는 부분이 있기 때문이다. 예를 들면, 정서 지능은 유쾌함이나 리더 없는 집단토론 실습과 어느 정도 비슷한 개념을 사용한다. 그러므로 이러한 개념이 성과에 미치는 영향은 독립적이지 않다. 인지 능력은 가장 강력한 성과 예측 변수이므로 다른 평가 방법이 유용한지 분석할 때는 이런 질문에서 시작하는 것이 타당하다. 성격, 평가 실습, 정서 지능, 고용 면접을 활용하면 지능을 살펴보는 것 '이상으로' 개인의 성과 차이를 예측할 수 있을까?

슈미트와 헌터는 이 문제를 살펴보았다. 그들은 일반적 정신 능력이 직무 성과 차이의 25%를 차지한다는 점을 보여주었다. 일반적 정신 능력과 성실성 두 가지 모두가 고려되는 경우, 성과 차이의 36%가 설명될 수 있었다. 이 말은 성과 차이가 나는 이유의 11%를 성실성이 추가로 설명했다는 의미다. 구조화 고용 면접은 인지 능력으로 파악할 수 없는 성과 차이의 15%를 설명했다. 상대적으로 적지만, 평가 센터에서와 같은 실습은 인지 능력이 파악할 수 없는 성과 차이의 3%를 설명했다.[18] 평가 센터 실습의 이렇게 비교적 낮은 수치는 이후의 한 연구에서도 확인되었다. 이 연구에서 평가 실습은 정신 능력과 5대 요인이 파악할 수 없는 성과 차이를 추가로 3% 설명해 주었다. 평가 센터 부문에서 언급했던 연구에서 고려된 다섯 가지 형태의 실습 중에서, 성격과 지능의 차이를 감안하면 오로지 사례 분석과 역할놀이 연습만이 성과 예측과 관련이 있었다.[17] 이런 연구들에서는 정서 지능을 포함한 경우가 한 건도 없다. 그러나 최근에 이루어진 한 재검토 연구에서는 인지 능력과 5대 성격 요인이 평균적으로 성과 차이의 42%를 설명했고 정서 지능 기법을 추가한 경우 이 수치가 5~7% 증가했음을 보여주었다. 이는 분명히 유의미해 보인다.[13]

대체로, 직무에 가장 적합한 사람은 일반적 정신 능력 테스트, 성실성 테스트, 구조화된 고용 면접, 직무상 필요한 경우 정서 지능 테스트를 결합하여 사용함으로써 가장 잘 선택할 수 있다고 결론 내릴 수 있다. 평가 센터 실습도 포함될 수 있겠지만, 직무 성과에 대한 예측치를 고려하면 비용대비 효과적이라고 보기 힘들다. 따라서 평가 센터 실습은 비용효과의 측면이 아닌 다른 고려사항에 따라 종종 포함될 수 있을 것이다. 예를 들면, 상위 수준 직종의 지원자들은 정신 능력 테스트보다는 평가 센터 실습을 더 허용 가능한 것으로 받아들이곤 한다.

적합한 사람, 적합한 자리: 사람-환경 조화의 개선

후고 뮌스터베르크의 생각을 출발점으로 하여, 이번 장에서는 높은 직무 성과를 내기 위해서는 직무 특성과 노동자의 특성이 서로 잘 어울려야 한다고 설명했다. 직무 분석을 사용하여, 해당 직무를 잘 수행하는 데 필요한 특성들을 확인할 수 있다. 고용주는 지능과 성격 테스트, 평가 센터, 고용 면접 등의 도구를 이용하여 해당 자리에 적합한 지원자를 성공적으로 선택할 수 있다. 이런 방식으로 직무에 가장 적합한 사람이 선발될 수 있고, 최고의 업무와 최고의 효과가 가능해진다.

훈련과 교육

직무에 '가장 적합한' 사람조차도 해당 직무에 '잘 맞지' 않을 수도 있다는 점에 주목할 필요가 있다. 이 말은 피고용자가 그 직무에 적합한 신체적, 정신적 능력을 가지고 있을지는 몰라도, 성공적 수행에 필요한 지식과 기술을 아직은 보유하지 않고 있을 수도 있다는 의미다.

보통 이것은 고용주가 노동자들을 더 교육시키고 훈련하는 데 투자할 의사가 있다면 문제가 되지 않는다. 사실, 이러한 교육과 훈련은 때로는 필수적이다. 요즘은 업무 일과와 업무 도구가 그 어느 때보다도 빠르게 변하고 있기 때문이다. 그러나 훈련에 참여했다고 해서 이후에 노동자들이 항상 차이 나게 업무를 수행하는 것은 아니다. 훈련을 통해 학습했다는 것만으로 훈련의 효과가 보장되기는 거의 힘들다. 그래서, 조직이 직원 훈련에 노력을 기울이며 가장 관심을 두는 부분은, 훈련 경험으로 인한 학습이 직무 성과로 이어지는지, 그리고 업무 수행에 의미 있는 기회를 가져다줄지 여부이다. 실제로, 항상 그렇지는 않다. 관련 연구들에서도 이러한 훈련이 직무 성과로 이어지는 것을 방해하거나 촉진하는 요소들에 초점을 맞추었다.

89개 연구에 대한 재검토 연구에 따르면, 특히 인지 능력과 성실성에서 높은 점수를 획득한 참가자들과 지원을 받는 업무 환경을 가진 참가자들이 높은 수준의 훈련 효과를 보여주었으며, 각각의 이러한 요소들은 학습이 직무 성과로 이어지는 것에 대한 개인 차이의 원인 중 10~15%를 차지했다.[19] 또한, 인지 능력과 성실성이 훈련 효과에 미치는 영향은 이른바 제한된 기술의 경우엔 더 약했다. 제한된 기술이란 연수생이 훈련에서 제시된 형태 그대로 모형화된 행동을 취해야 하고, 훈련받은 원칙을 직무에 어떻게 적용할지, 그리고 직무에 무엇을 적용할지에 대한 선택의 여지가 거의 없는 프로그램을 말한다. 예를 들어, 전동 공구를 안전하게 조작하기 위해서는 자유재량이 허용될 여지가 거의 없다. 그러나 개방적 기술, 예를 들어 대인관계나 리더십 훈련 등의 경우에는, 그 목적이 일반화할 수 있는 규칙, 개념, 원칙 등을 심어주는 것에 더 중점을 두고 있기 때문에, 연수생은 업무를 수행할 때 이러한 규칙들을 어떻게 적용할 것인가에 대해 자신만의 계획을 고안해 내야 한다. 따라서 연수생은 이러한 규칙, 원칙, 개념을 직무에 어떻게 그리고 무엇을 적용할 것인가에 대해 보다 선택권이 넓다. 이는 훈련이 직무로 이어지는 것에 일반적 정신 능력과 성실성 같은 변수가 미치는 영향이 보다 실질적일 수 있음을 의미한다.

결론

이번 장은 조직을 조각그림 맞추기 퍼즐에 비교하면서 논의를 시작했다. 여기서는 노동자가 퍼즐 조각이다. 지금 시점에서는 이러한 비교가 제한적으로만 타당성이 있다는 것이 분명해졌다. 실제 퍼즐의 경우 퍼즐의 각 조각이 단 하나의 정확한 방법으로만 퍼즐에 맞고 퍼즐을 완성하는 방법도 오로지 한 가지만 있는 것에 비하여, 조직은 우선 직무 분석을 통하여 어떤 종류의 조각이 필요한지 결정해야 하고, 그다음엔 선발과 평가를 통해 가장 잘 맞는 조각을 찾아야 한다. 가장 잘 맞는 조각이더라도 퍼즐에 딱 맞지 않을 수 있다. 그러면 조직은 이 조각을 훈련과 교육을 이용하여 크기에 맞게 잘라낼 것을 결정하거나, 아니면 퍼즐이 다른 방식으로 완성되어야 한다. (예를 들어, 새로 임명된 CEO의 조직에 대한 비전이 전임자와 다른 경우가 있다.) 또한 조각그림 맞추기 퍼즐을 정확히 완성하지 못하는 일은 큰 문제가 되지 않지만, 직무에 부적합한 사람을 고용하는 것은 조직에 재앙과 같은 결과를 초래할 수도 있다. 확실히, 세상에서 가장 어려운 퍼즐이 잭슨 폴록의 '컨버전스'만은 아니다!

후고 뮌스터베르크는 최고의 효과를 내는 최고의 업무를 만들어 내기 위해 최고로 적합한 사람을 찾고자 했다. 그의 생각과 프레더릭 테일러, 길브레스 부부 등 다른 경영 컨설턴트의 생각을 응용하면, 성과가 높고 효율적인 조직을 이끌게 될 수도 있을 것이다. 그러나 이러한 조직에서 노동자들은 어떨까? 열심히 일하는 것은 좋다. 그렇지만 너무 열심히 일했을 때 발생할 수도 있는 부작용을 피하기 위해서는 어떻게 해야 할까?

06
일에서의 회복

구약 성서에 따르면 창조주는 여섯 날 동안 부지런히 천지를 창조했다. 그러나 일곱 번째 되는 날에 창조주는 안식에 들어갔다. 그리고 십계명의 네 번째 계명에서는 사람도 똑같이 안식일을 지키라고 규율한다. 신자들, 그들의 가족, 하인들, 가축 또는 심지어 '대문 안에 들어온 낯선 이들'도 그 날에는 일해선 안 된다. 코란에서는 일을 쉬고 휴식해야 하는 특정한 날을 언급하고 있지는 않다. 알라신도 세상을 창조하는 데 여섯 날을 썼지만, 일곱 번째 날에 알라신은 '왕좌 위에 자신을 굳게 세우고' 평소와 다름없이 일했다.

알라신은 기쁨에 겨워 자신의 신봉자들이 잠자고 쉴 수 있게 밤을 덮개로 만들었다.

신자가 아니면 걱정할 것 없다. 언제 일을 쉬어야 하는지, 일과 휴식을 서로 번갈아 해야 한다든지 등을 말해 줄 경전이 없기 때문에, 대부분의 과학적 연구에서는 일, 작업 노력, 작업 시간을 한 축으로, 그리고 업무 중 아주 잠깐의 쉴 틈에서 몇 주간의 휴가까지의 휴식을 또 다른 한 축으로 하여 둘 사이의 균형을 고려한다. 이러한 균형의 중요성은 스트레스, 피로, 동기 부여, 업무 성과, 병가, 번아웃 증후군, 업무 중 실수와 사고 등 매우 다양한 결과물의 관점에서 분석됐으며, 이 과정에서 높은 수준의 성과, 웰빙 같은 바람직한 일의 결과물을 얻기 위해서는 일을 쉬고 충분히 회복하는 것이 필요하다는 것이 입증되었다.

이러한 결론은 특별할 것이 없어 보일지 모르지만, 어떤 면에서는 그렇지 않다. 예를 들어 기원전 48년 파르살로스 결전에서 율리우스 카이사르Julius Caesar 장군은 충분한 휴식 후에 일을 시작하는 것이 중요하다는 것을 이미 알고 있었다. 로마 내전에서 결정적 전투로 기억될 싸움에서, 카이사르의 군대는 적군인 위대한 폼페이 장군Pompey the Great

의 군대보다 수적으로 매우 열세였다. 두 적군의 진영 사이는 꽤 멀었다. 현명하게도, 폼페이 장군은 자신의 군대에 적이 공격해 올 때까지 기다리라고 명령했다. 카이사르의 병사들이 평소보다 두 배가 넘는 거리를 질주하고 난 후에는 피로로 인해 '지치고 피곤해질 것'이고 그러면 물리치기도 쉬워질 것이라 믿었기 때문이다. 그러나 카이사르의 군대는 적군이 돌격하러 뛰어오지 않는 것을 파악하고, '힘이 완전히 고갈되었을 때 적과 마주하지 않도록 속도를 줄이고 거의 중간지점쯤에 멈춰 섰다.'[1] 잠깐 한숨을 돌린 후, 그들은 다시 전진했다. 풍부한 경험과 카이사르의 탁월한 전략적 기술 덕분에 전투에서 큰 승리를 거두어 실질적으로 내전이 종식되었다. 곧이어, 카이사르는 로마 원로원에서 '독재관'으로 임명되어 10년 동안 통치했다. 그 나머지는 모두가 아는 바와 같다.

분명히, 적절한 시점에 휴식을 취함으로써 세상을 얻을 수 있다는 생각은 카이사르도 그의 동료들도 모르는 바가 아니었다. 하지만 사람은, 병사는 물론 공장 노동자들도, 일정한 간격으로 쉬어야만 최적으로 일할 수 있다는 관념은 산업 혁명이 도래했을 때 거의 사라지다시피 했다. 사실, 프레더릭 테일러가 현대 조직의 노동 생활에 기여한 것 중의 하나는 노동자들이 일정한 간격으로 일을 쉬고 잠깐의 휴식을 취했을 때 생산성이 증가했다는 것을 관찰해 낸 점이었다.[2] 이러한 생각은 짧게 여러 번 휴식하는 것이 길게 이따금 휴식하는 것보다 더 유익하다는 가정하에 복잡한 노동과 휴식 일정을 설계한 길브레스 부부에 의해 심화되었다.[3] 기본적으로 이들 부부는 노동자가 업무를 완수하기 위해 쏟아부은 노고에서 회복할 기회를 갖게 되면 업무 성과가 향상될 것이라 가정했다. 타당한 말처럼 들린다. 그런데 정말 사실일까?

긴 노동 시간, 웰빙, 업무 성과

노동 시간과 그 결과를 다룬 문헌에서 중심이 되는 개념은 '긴 노동 시간'이다. 많은 서구 국가에서 정규적인 1주 노동 시간은 평균 32시간에서 40시간 일하는 것을 의미한다. 예를 들어, 2015년에 유럽 연합European Union 노동자들은 주당 평균 36.1시간을 일했고, 미국인들은 주당 38.6시간을 일했다.[4] '장시간 노동'은 사람들이 합리적인 한도 내에서 널리 수용되는 것보다 긴 시간을 일하는 상황을 가리킨다. 예컨대, 유럽 연합의 연구소에서는 사람이 주당 평균 48시간보다 길게 일하면 장시간 노동을 한다고 여긴다. 주목할 점은 이 숫자에 기업가와 자영업자는 포함되지 않았다는 사실이다. 이들은 자신의 상황과 계획에 따라 자신이 어느 시간 동안 일할 것인지 스스로 결정하기 때문이다. 그렇다고 이러한 그룹의 사람들이 항상 장시간 노동을 한다는 의미는 아니다. 예를 들어, 내가 사는 지역에 있는 기타 가게 주인은 세계적인 유명 IT기업의 고위급 임원이었다. 그는 후한 인수 제의를 수락한 후 자신의 아내, 가족, 취미에 더 많은 시간을 할애하기로 결심했다. (취미에 기타를 제작하고 연주하는 일이 포함되는 건 분명하다.) 이제 그는 일주일에 4일, 총 30시간 정도 일하고 있으며, 예전의 성공한 고위 관리자로서의 노동 스케줄로 돌아갈 생각이 없다.

장시간 노동은 건강, 업무 성과, 웰빙에 미칠 수 있는 영향으로 인해 평판이 그리 좋지 않다. 그러한 평판이 합당한 것인가와 관련한 증거는 다소 엇갈린다. 중국의 한 연구에 따르면, 일주일에 60시간 이상 일하는 참가자들은 일주일에 40시간 이하로 일하는 참가자들보다 1.75배에서 많게는 5.2배 더 번아웃 증후군을 호소한 것으로 나타났다.[5] 60만 명 이상의 참가자에게서 얻은 데이터를 포함한 25건의 대규모 연구에 대한 재검토 논문에서, 일주일에 55시간 이상 장시간 노동하는 사람은 관상 동맥성 심장 질환에 걸릴 위험이 표준 노동 시간 동안 일하는 사람보다 13% 더 높은 것으로 드러났으며, 뇌졸중을 일으킬 위험은 33% 더 높은 것으로 나타났다.[6] 또 다른 재검토 연구에서는 '긴 노동 시간'을 하루 평균 8시간 이상 일하는 것으로 규정하고, 긴 노동 시간은 우울증, 불안감, 수면 장애, 심혈관계 질환으로 고생할 위험을 더 높인다는 사실을 보여주었다.[7] 오스트레일리아의 한 연구에 따르면, 오스트레일리아의 간호사와 조산사의 13.4%가 매일 음주를 하는 해로운 습관을 가지고 있으며, 이러한 습관을 가지게 될 위험성은 일주일에 50시간 이상 일하는 사람들의 경우 17% 더 높아지는 것으로 보고했다.[8] 사이먼 포카드Simon Folkard와 데이비드 롬바디David Lombardi가 근무 중 발생하는 상해와 치명적 사고를 포함한 사고의 상관관계에 대한 여러 연구 결과를 종합했을 때, 교대 근무를 시작하고 처음 8시간 동안은 근무 중 사고를 겪을 확률이 낮았다가, 10시간 이상 근무할 경우 사고를 겪을 확률이 10시간 근무인 경우 두 배, 12시간 이상의 근무인 경우 세 배로 늘어났다.[9] 마지막으로, 2015년 저작물에서 스탠포드 대학의 경제학과 존 펜케블John Pencavel 교수는 노동 시간과 생산량의 관계는 비선형이라고 보고했다. 제1차 세계대전 당시, 생산량에 따른 임금 제도에 근거하여 보수를 받았던 영국 군수품 공장 노동자는 대부분이 여성으로 '뮤니셔네트munitionette'로 불리곤 했다. 이들에 대한 데이터를 이용하여 펜케블 교수가 밝혀낸 바에 따르면, 노동 시간을 일주일 동안 49시간으로 제한했을 때 전반적 노동 생산성은 하루 노동 시간과 비례했다. 그러나, 제한 시간을 넘어서면, 시간당 생산량은 노동 시간이 늘어날수록 감소했다. 장시간 노동은 여전히 생산 개수의 증가로 이어졌지만, 효율성은 감소했다. (적을 살상할 수 있는 더 많은 총알, 폭탄, 수류탄이 생산되었지만, 노동자들은 탄약 한 단위를 만들기 위해 갈수록 더 많은 시간을 필요로 했다.) 실제로 70시간 노동 후의 총생산량은 56시간 노동 후의 생산량과 큰 차이가 없었다. 확실히 더 오래 일할 이유가 없다. 물론 제1차 세계대전 당시 군수품 공장의 일은 오늘날 대부분의 일과 매우 달라서 이러한 평가는 비슷한 상황으로 범위를 제한해야 하겠지만, 생산량과 노동 시간의 확실한 상관관계를 보여준 것만은 분명하다.[10]

이 모든 것이 결정적 증거처럼 보인다. 장시간 노동은 번아웃 증후군, 우울증, 불안, 수면 장애, 심혈관 질환 같은 낮은 수준의 웰빙과 건강, 음주 같은 바람직하지 않은 행동 패턴, 근무 중 높은 부상과 사고율, 생산 효율성의 감소와 관련이 있다. 따라서 장시간 노동은 노동자와 그들이 일하는 조직에 주로 부정적인 영향을 준다는 결론을 내릴 수 있을지 모른다. 그러나 이러한 결론은 세 가지 이유에서 이의가 제기된다. 첫째, 장시간 노동과 생산량의 연관성에 대한 연구들이 언제나 확실하게 '원인'과 '결과'를 구분할 수 있는 것은 아니다. 말하자면, 장시간 노동이 건강 악화로 이어진 것일 수도 있지만, 신체적, 정신적으로 건강하지 못한 노동자들이 자신의 노동 시간을 제한했을 가능성도 있다. 두 가지 경우 모두, 노동 시간과 노동자의 건강 사이에 연관성이 있다. 그러나 그 연관성이 어떤 사실을 뒷받침하고 있는지 구별하기란 쉽지 않다. 둘째, 노동한 시간과 생산량의 연관성이 통계적으로는 중요할지 모르지만, 현실적으로는 여전히 별 의미가 없을 수 있다. 예를 들어, 하루에 12시간 노동하는 사람이 근무 중 사고를 겪게 될 가능성은 하루에 8시간 노동하는 사람과 비교해서 세 배가 넘을 수도 있지만, 이러한 사고를 겪게 될 가능성은 애초에 낮기 때문에 이러한 가능성이 세 배가 되는 것에 신경 쓸 사람은 거의 없다. 마지막으로 긴 노동 시간과 결과물 사이의 연관성은 노동자의 성별에 따라 다르고 연령에 따라 다르며 업무가 잘 설계되고 즐거운 것이냐 아니냐 등에 따라서도 달라진다. 어떤 그룹에는 장시간 노동의 역효과가 적지 않을 수 있지만, 다른 그룹의 경우에는 다를 수도 있다. 분명히, 긴 노동 시간의 역효과는 '미묘한 차이를 나타내기' 때문에, 이러한 효과를 보다 완전히 이해하기 위해서는 더 많은 연구가 필요하다.[11]

그런데도, 많은 나라에서 정책 입안자들은 피고용자의 노동 시간에 최대한도를 정하는 법안을 신중히 시행하고 있다. (다시 한번 말하지만, 자영업자와 기업가의 노동 시간은 일반적으로 그런 법안의 적용을 받지 않는다.) 효과는 크지 않을 수 있지만, 노동 관련 부상, 사고 또는 병가를 예방함으로써 행복한 노동자를 한 명이라도 증가시키고, 의료 보험 청구

건수를 한 건이라도 감소시키는 쪽으로 이어질 것이다. 이러한 법안이 시행되는 요지를 이해할 수 있으리라 본다.

노동 시간과 건강: 노력-회복 이론

장시간 노동이 건강과 웰빙에 미치는 해로운 효과가 미묘한 차이라 하더라도, 이러한 효과를 설명해줄 수 있는 과정에 대해 파악하는 것은 중요하다. 발생 가능한 문제를 처리할 수 있는 실질적인 요령을 제공해 줄 수 있기 때문이다. 심리학에서, 긴 노동 시간과 그로 인한 결과물이 초래하는 효과에 대한 많은 연구들에서는 일반적인 작업 노력(꼭 장시간 노동은 아니다)과 작업 노력에서의 회복 사이의 균형에 초점을 두고 있다. 영향력 있는 하나의 논문에서, 네덜란드 심리학자 테오 메이만Theo Meijman과 헤이스베르튀스 뮐더르Gijsbertus Mulder는 노동은 불가피하게 노력의 소모가 따른다고 주장했다. 다시 말해, 일하면서 뭔가를 이루어내기 위해서는 시간, 의욕, 기술을 쏟아부어야 한다.[12] 이는 교감신경계의 활성화를 초래한다. 교감신경계는 노동자가 무의식적으로 비상 상황이라고 '인식'한 것, 예를 들면 불만족한 고객, 상사와 평가 논의, 마감 기한을 넘긴 과제 등의 비상 상황 동안 활성화되고 이러한 스트레스 요인에 반응하도록 유기체를 동원한다. 교감신경계는 아드레날린과 노르아드레날린 호르몬을 분비하여, 심박동수, 혈압, 근력, 정신 활동, 총열량 소비가 증가하는 원인이 되고 이는 궁극적으로 피로로 연결된다. 비상 상황이 지나가면, 스트레스 요인에 대한 직접적 반응은 더 이상 불필요해지고 부교감신경계가 작동한다. 유기체는 평온하고 느긋한 상태로 돌아가 교감신경계의 활성화로 인한 달갑지 않고 해로운 효과에서 회복하는 데 도움을 준다. 혈압이 낮아지고, 심박동수는 늦춰지고, 에너지를 소비하지 않고 되찾는다. 회복의 핵심은 일하는 동안 활성화되었던 정신생리학적 시스템이 기초수치 수준으로 되돌아가 안정되는 것으로, 이 수준은 사람에게 아무런 특별한 요구가 주어지지 않았을 때를 기준으로 한다.[13]

여기서 전문용어가 많이 등장했던 점은 독자의 양해를 구한다. 다행히 기본적인 개념은 간단하다. 노동은 온갖 종류의 생리적, 정신적 반응을 유도하며, 이런 반응들은 충분한 회복의 기회를 가져 보상해야 한다. 이제 노동자가 긴 시간 일할 때 무슨 일이 벌어지는지 상상해보자. 한편으로 이때는 노동 스트레스 요인(완수해야 할 늘어난 과제! 더 많아진 화난 고객들 상대하기! 마감 기한을 맞춰야 할 일의 증가!)에 오랫동안 노출된다. 사실, 장시간 노동 자체가 특히 유능한 직원들이 부족하여 이미 근무 중 스트레스가 심한 상황 때문인 경우가 많을 것이다. 다른 한편으로, 장시간 노동은 회복할 기회가 적다는 것을 암시한다. 더 많은 시간을 일하면 여가와 휴식을 위해 남겨지는 시간은 적어진다.

중요한 사실은, 일하느라 피곤했던 날을 보낸 후 회복의 기회가 부족해서 생긴 부정적 효과는 그다음 날로 이어질 수 있다는 점이다. 전날의 피로에서 완전히 회복하지 못한 노동자가 다음 날 적절히 일을 수행하려면 '보상성 노력'을 기울여야, 즉 추가로 더 열심히 일해야 한다. 이를테면, 매년 열리는 세계 최고 권위의 국제 사이클 다구간 도로 경기인 '투르 드 프랑스Tour de France' 2017년 경기에서, 험난하고 지치는 여덟 번째 구간을 첫 번째와 두 번째로 통과한 프랑스의 릴리앙 카마쟝Lilian Calmejane과 네덜란드의 로버르트 헤싱크Robert Gesink는 다음날에는 그렇게 잘하지 못했다. 아홉 번째 구간에서 카마장은 181명의 참가자 중에서 겨우 121번째로 통과했으며, 헤싱크는 해당 구간을 시작하고 10킬로미터도 못 가서 어이없는 사고를 당해 경기를 포기해야 했다. (피곤한 사람들은 다른 사람들보다 사고 날 가능성이 더 높다.) 투르 드 프랑스가 워낙 힘든 경기이기 때문에, 두 선수 모두 그 전날 놀라운 성적을 거둔 이후 계속해서 월등한 경주를 지속하는 데 필요한 힘을 끌어모으기가 불가능했을지 모른다. 경기의 힘든 여덟 구간을 완수한 후 에너지 자원이 완전히 고갈되어 하룻밤 회복 기간으로는 이러한 문제가 해결되기에 불충분했던 것이다.

일과 관련하여, 사람이 가끔 장시간 노동을 하게 될 때는 별 문제가 생기지 않는다. 그러나 상습적으로 장시간 노동을 하면 회복 시간이 부족해서 결국은 번아웃 증후군, 심혈관 질환 등 건강이 악화될 수 있다. 이러한 추론에 대한 증거는 이미 앞에서 언급한 바 있는데, 긴 노동 시간은 역효과와 연관이 있다. 기본적으로 노력-회복 이론은 회복할 기회만 충분하다면 일을 열심히 하는 것 자체는 아무런 문제가 없다고 본다. 이러한 회복 기회는 다양한 형태로 나타날 수 있다. 가령, 노동자들은 휴식을 취하거나 힘든 일과 덜 힘든 일을 번갈아 함으로써 근무 중에도 회복할 수 있다. 분명히 이러한 방법은 노동자들이 높은 직무 통제력과 다양성을 가지고 있을 때 편리하게 활용할 수 있을 것이다(4장 참고). 회복은 근무 후에 이루어질 수도 있다. 주말과 휴가 같은 장기간의 휴식이 그 예이다. 이러한 회복의 기회와 효과에 대해 우리는 무엇을 알고 있을까?

근무 중 일에서의 회복

이번 장의 서두에서 이야기했듯이 일의 체계화를 연구한 프레더릭 테일러와 길브레스 부부 같은 초기의 전문가들은 최적의 업무 수행을 위해서는 노동자들이 자주 휴식을 취할 수 있도록 허용해야 한다는 생각을 이미 하고 있었다. 실제로 테일러와 길브레스 부부는 노동자가 휴식을 취하도록 '허용'하기보다는, '강제'로 휴식하게 했다. 예를 들어, 지정된 간격마다 조립 라인을 정지하거나, 취급해야 할 상품을 놓지 않고 컨베이어 벨트에 비어있는 부분을 두는 식이었다.

보다 현대적인 접근법에서는 노동자에게 언제 휴식을 취할지, 그리고 일정 한도 내에서 얼마 동안 휴식을 취할지에 대해 약간의 결정권을 준다. 이를테면, 규칙적으로 커피 시간과 점심 시간을 가진다. 많은 직업, 특히 전문 직종의 노동자들은 휴식 일정을 정하는 데 있어 약간의 영향력을 가진다. 어떤 노동자는 컴퓨터 앞에서 점심 식사하는 것을 선호할 수도 있고, 다른 사람들은 산책을 하기도 하고, 재택근무를 하는 경우에는 휴식을 취하는 것과 관련해 완전한 자율권을 갖는다. 영국 웨일스, 스완지 대학의 필립 터커Philip Tucker 교수는 자료 재검토 연구를 수행하여, 피로를 관리하고 성과를 유지하는 데 휴식이 실제로 효과적이라는 것을 증명했다. 터커 교수는 5분에서 1시간 동안의 휴식에 대해 연구했다. 노동자가 휴식 시간을 15분 이하의 짧은 낮잠을 자는 데 사용하고 그 후 카페인이 함유된 커피를 마시면(표준 크기의 커피 두 잔이면 충분하다), 휴식의 효과가 가장 컸다. 아마 놀라운 사실이 아니겠지만 짧은 낮잠은 특히 야간작업 동안 효과적이었다. 휴식 시간의 길이는 크게 상관이 없어 보인다. 이는 아마도 최적의 휴식 시간 길이는 고려되는 작업에 따라서도 달라지기 때문이다. 마지막으로, 터커 교수는 노동자가 피로도를 최고조로 경험하는 순간에 휴식을 취하도록 허용되어야 한다고 권장하는데, 이는 그야말로 노동자 자신만이 결정할 수 있는 부분이다. 이런 면에서, 스스로 일정을 정하는 휴식이, 조직이 정해주는 휴식보다 효과적이다.[14] 손에 직무상 심각한 부상을 입어 입원해 있는 노동자들을 대상으로 한 중국의 연구에서, 데이비드 롬바디와 그의 동료들은 휴식을 전혀 취하지 않은 노동자들은 평균 두 시간 동안 일한 이후 부상을 입었다는 것을 알게 되었다. 그러나 이와 대조적으로, 휴식을 취한 노동자들의 경우에는 시간과 부상의 관계가 평균 여섯 시간이었다. 이것은 큰 차이로, 휴식을 하지 않으면 근무 관련 사고를 당할 위험이 증가함을 보여준다. 터커 교수의 연구와 마찬가지로, 휴식 시간의 길이는 큰 상관이 없었다.[15]

휴식의 길이가 회복에 미치는 영향과 관계가 없다면, 적은 횟수의 긴 휴식보다는 근무 시간 중간에 매우 짧은 휴식을 많이 하도록 일정을 짜는 것이 좋지 않을까? 실제로, 예를 들어 기껏해야 몇 분 정도의 짧은 휴식은 노동자가 어떤 작업에서 다른 작업으로 넘어가야 할 때 자연스럽게 발생하기도 한다. 노동자는 의식적으로 잠깐씩 일이 아닌 활동에 빠지기도 한다. 예를 들어 공상에 잠기거나, 커피를 마시거나, 동료와 일과 무관한 이야기를 나누거나, 페이스북을 확인하는 경우가 있다. 보통은 그런 활동을 조직에서 권장하지는 않지만, 그런 활동도 작업 노력에서 회복하는 데 도움이 될 수 있다. 아주 잠깐의 휴식에 대한 연구에서는 이러한 휴식이 업무 스트레스와 피로를 줄이는 데 실제로 효과적일 수 있다는 점을 보여준다.[16] 그러나, 이렇게 아주 잠깐의 휴식 바로 직후에는 능률이 '떨어진다'는 증거들도 있다. 이는 이렇게 짧은 휴식은 완전한 회복으로 이어지지 못한다는 점을 시사한다.[17]

결론적으로 이런 연구들이 제시하는 내용은, 근무 시간 중간에 휴식을 취하면 작업 노력에서 회복하는 데 도움을 주어 사고 발생 위험을 줄이고, 스트레스 수준을 낮추고, 기분 전환을 해주며, 능률을 오르게 할 수 있다는 것이다. 이런 휴식 시간에 낮잠을 자면 회복에 더욱 도움이 될 수 있으며, 카페인이 든 음료를 마시는 것도 마찬가지로 도움이 될 수 있다. 이러한 유익한 효과는 특히 스스로 휴식 시간을 정하고 너무 짧지 않은 휴식을 취할 때에 더 잘 맞는다. 매우 짧은 휴식은 능률 향상으로 이어지지는 않지만 그래도 기분 전환에는 도움이 될 수 있다. 이 또한 고려할 가치가 있는 부분이다.

근무 시간 외에 일에서의 회복

1950년대와 1960년대의 유명한 영화배우이자, 이후에는 유니세프의 친선 대사로 활동했던 오드리 헵번은 주말엔 자신의 아파트에서 홀로 지내기를 좋아했었다고 전해진다. 그녀는 그렇게 하는 게 자신을 '재충전'하는 것이라고 말했다. 우리는 다른 활동을 하는 데 주말을 사용하는 경우가 많은데, 이러한 활동도 보통은 똑같은 목적을 위한 것이다. 다시 말해 재충전, 우리의 표현대로는 일에서의 '회복'이다. 그렇게 함으로써, 주말은 저녁 시간, 밤 시간, 휴가 기간과 동일한 기능을 한다.

퇴근 후와 주말 동안의 회복

일에서의 회복에 관한 독일 출신의 전문가 자비네 조넨타크Sabine Sonnentag에 따르면, 노동자들이 피로가 풀리고 완전히 원기를 회복한 상태에서 업무를 시작하는 것이 중요하다. 그녀의 연구에 따르면, 아침에 활기가 넘치고 몸이 회복된 느낌이 드는 노동자는 그렇지 않은 노동자보다 행복하고 더 열심이며 업무 성과도 좋았다.[18] 이 연구 결과는 어떤 근무 외 활동이 회복에 더 도움이 되는지 이해할 필요성이 있음을 분명히 보여준다. 물론 밤에 푹 쉬는 것도 중요하다. 그러나 근무 외 시간의 다른 활동들도 일에서 회복하는 데 도움 또는 방해될 수 있다. 예를 들어, 우리는 가끔 근무 외 시간의 일부를 '집에서 업무를 준비하거나 마무리하는 데' 쓰는 경우가 있다. 본질적으로 이것은 그저 초과 근무의 하나일 뿐이다. 집에서 업무 관련 이메일을 처리하거나, 보고서를 읽고 작성하거나, 고객과 상담 전화를 하는 등의 활동은 전혀 회복과 관련이 없는 것이 분명하다. 직장에서 활성화되었던 동일한 정신생리학적 체계가 집에 있는 동안에도 여전히 활동 중이게 된다. 이는 노동자가 단순히 더 긴 시간 동안 일한다는 의미이다. 그냥 장소만 바뀌었을 뿐이다.

재택근무(직장 밖이지만 역시 정규 근무 시간 동안)는 집이라는 환경과 직장이라는 환경이 서로 충돌하는 경험을 하게 될 가능성을 높인다고 주장하는 이도 분명 있을 것이다. '직장-집 충돌'은 하나의 환경에서 요구되는 사항들이 다른 환경의 요구와 양립할 수 없을 때 발생하며, 양쪽 역할을 모두 맡아야 하는 사람을 더욱 힘들게 한다. 업무에 사용하는 시간은 배우자나 자녀와 쓸 수 없으며, 그 반대도 마찬가지다. (이것은 시간 기반 충돌이라 부른다.) 직장에서 힘든 회의를 마치고 나면 집에서도 여전히 스트레스를 느끼는 경우가 있다(스트레스 기반 충돌). 직장에서는 사람들에게 이래라저래라 했을지 모르지만 집에서는 배우자와 자녀가 그런 행동을 용납하지 않는다(역할 기반 충돌).[19] 직장과 집이라는 환경의 충돌은 자신의 직분을 다하는 것과 노동자의 웰빙에 부정적인 영향을 줄 것이며, 이러한 충돌은 퇴근 후 저녁이나 주말에 집에서 일하는 동안 가족이 주변에 있을 때처럼, '직장'과 '집'이 공간적으로 분리되지 않았을 때 더욱 자주 발생할 수 있다. 따라서 퇴근 후 저녁이나 주말에 집에서 일하는 것은 일에서의 회복 차원에서는 좋은 생각이 아니다.

수면과 일 외에 노동자들은 근무 외 시간 동안 다른 활동을 열심히 할 수도 있다. 노동자들은 여러 날에 걸쳐서 자세하게 자신의 활동과 감정, 성과 등을 기록했는데, 여러 일기 연구에서, 조넨타크는 아이 돌보기 같은 '가사일과 기타 집안일'에 열중하는 것은 회복과 거의 무관함을 발견했다. 이러한 넓은 범주에, 잠자기 전에 아이에게 책을 읽어주거나 강아지 산책시키기 같이 회복에 큰 도움이 될 활동뿐만 아니라, 빨래하기 같이 에너지를 고갈시키는 활동도 모두 포함되기 때문일 것이다. 가령, TV를 시청하거나 소설을 읽는 것 등의 '소극적인 여가 활동'은 회복에 약간의 도움을 주는 것으로 보인다. 마지막으로, 이 분야의 대부분의 연구에 따르면, 퇴근 후와 주말에 신체 운동과 스포츠를 하거나, 문화 행사에 참여하거나, 친구들과 만나는 등 '적극적인 여가 및 사회 활동'을 하는 것은 아침 시간의 높은 수준의 웰빙과 낮은 수준의 피로도에서 증명되듯이, 회복에 큰 도움을 줄 수 있는 것으로 나타났다.[18]

휴가 기간의 회복

일에서 벗어나 방해받지 않는 비교적 긴 기간의 휴가를 보내는 것은 일에서의 회복 가능성을 높이는 기회일 것이다. 이런 생각을 시험해 보기 위해, 네덜란드의 네이메헌 대학의 예시카 더블룸Jessica de Bloom 교수와 동료들은 일주일의 겨울 스포츠 휴가가 회복에 미치는 영향에 대한 일기 연구를 수행했다.[20] 여행사에 연락하고 겨울 스포츠 박람회를 방문하여 참가자를 모집했다. 참가자들은 7주 동안 다섯 번의 연락을 받았다. 첫째, 둘째는 휴가 전과 휴가 동안, 나머지 세 번은 휴가가 끝나고 1주, 2주, 4주가 지났을 때 연락을 받았다. 참가자의 자그마치 60%가 휴가 동안, 그리고 그 후에 건강과 웰빙이 상당한 정도로 증가했다고 보고했다. 예상외로, 참가자 중 23%는 휴가로 아무 효과도 못 보거나 심지어 17%는 부정적인 효과를 경험했다. 이러한 결과는 특히 겨울 스포츠 활동에서 상대적으로 즐거움을 못 느꼈거나 휴가 동안 나쁜 사건, 예를 들어 부상을 입는 등의 일을 겪은 참가자들의 경우에 그렇게 나타났다. 이 연구는 매우 흥미롭다. 휴가를 보내는 것이 실제로 회복에 효과적인 수단이기도 하지만, 당사자가 자신의 휴가를 어떻게 '인식'하고 있는가도 중요하다는 것을 보여주기 때문이다. 즐거운 경험이었나, 아니었나? 당연히, 즐거운 경험으로 인식했을 때 회복의 효과는 커질 것이다. 마지막으로, 휴가의 유익한 효과가 과대평가되어서는 안 된다. 더블롬 교수팀의 연구에서, 건강과 웰빙의 수준은 일반적으로 업무를 다시 시작한 첫째 주 동안 휴가 이전의 수준으로 돌아갔다. 이러한 연구 결과는 일에서 회복되는 데 휴가가 갖는 효과를 분석한 다른 연구의 결과와도 일치했다.[18]

결론적으로, 근무 시간 밖에서 일에서의 회복이 가지는 효과를 검토한 연구에서는 퇴근 후의 시간, 주말, 휴가 모두 일에서 회복하는 데 도움이 됨을 보여주었다. 그러나 이때 사람들이 하는 활동의 성질이 중요하다. 근무 외 시간에 집에서 일하는 것은 일에서 회복되는 데 도움을 주지 못한다. 반면, 활동적이고 약간은 소극적인 여가 활동은 노동자의 건강과 웰빙에 훨씬 많은 이로운 효과를 준다. 휴가를 보내는 것도 좋은 생각이다. 유익한 효과는 짧은 일주일의 휴가에서도 기대할 수 있다. 다만 이런 효과가 오래가는 것 같지는 않다.

일, 근무 시간, 회복

근무 시간, 회복, 건강, 웰빙을 다룬 자료는 방대하고 복잡하지만, 이러한 자료에서 얻을 수 있는 전반적인 아이디어는 성서와 코란 그리고 율리우스 카이사르가 전하는 조언과 딱 들어맞는다. 일곱 번째 날을 휴식하는 데 사용하고, 이러한 생각이 마음에 든다면 일곱 번째 날을 교회에 가는 데 사용하라. 이러한 사회적 활동은 회복에 도움이 될 것이다. 아니면, 친구들과 축구를 한 게임 하거나 강아지와 긴 산책을 해보자. 저녁과 밤은 휴식을 취할 수 있는 정말로 훌륭한 기회다. 근무 중에 때때로 휴식을 취하는 것도 에너지 수준을 다시 끌어올리는 데 도움이 된다.

과학적 연구들이 이러한 생각을 뒷받침하는 동시에 개선하는 역할을 했다. 우리는 이제 하루에 8시간 넘게 장시간 노동을 하면 사고의 위험이 높아지고, 웰빙 수준이 낮아지며, 생산성이 정체될 수 있다는 것을 안다. 노동자들은 근무 중에도, 근무 후에도 회복할 수 있다. 근무 시간에 매우 짧은 휴식을 취하는 것은 대개 효과가 별로 없지만, 이보다 긴 휴식은 웰빙과 생산성을 유지하는 데 도움을 줄 수 있다. 일을 끝내고 활동적인 여가 활동을 하면 일에서 회복되는 데 도움이 되는 반면, 초과 근무는 그렇지 않다. 긴 휴가를 보내는 것은 좋다. 그러나 회복의 효과와 관련해서는 일주일의 휴가도 똑같이 효과적이다. 그러나 기적을 바라지는 말자. 휴가의 효과는 꽤 빠른 시간에 사라진다. 여기서 얻을 수 있는 교훈은, 조직은 직원에게 작업 노력과 회복 사이에 건강한 균형을 유지할 기회를 제공해야 한다는 점이다. 그리고 직원 입장에서는 이런 기회를 충분히 이용하는 것이 현명하다.

07
앞으로 달라질 일의 형태

책을 인쇄하는 기술이 보급되면서 많은 중세 필경사들이 일자리를 잃었다. 사람들은 이제 성서와 기타의 문서들을 옮겨 적는 것이 아니라 인쇄했다. 일반적으로 말해 지난 수백 년 동안 기술, 경제, 사회 변화로 많은 직업이 사라졌으며, 남아있는 다른 직업들도 대대적으로 본질적인 변화를 겪었다. 우리는 더 이상 우리를 연결해 줄 전화교환원이 필요하지 않다. 점등을 켜는 직업도 거의 사라졌다. 생각해보자. 관청의 포고문을 사람이 직접 외치며 다니거나 종을 울려 소식을 전하던 때가 마지막으로 언제였을까?

시대는 변화한다

나의 할아버지는 1960년대와 1970년대에 집배원이었다. 벌이가 많지는 않았지만 할아버지와 할머니가 작은 집을 사서 열 명의 가족을 성공적으로 부양하기에 충분한, 안정적이고 괜찮은 직업이었다. 그러나 이메일로 인해 이런 일은 이제 불가능할 수 있다. 내가 사는 곳에서 집배원은 더는 선망하지 않는 시간제 직업이고, 부수적으로 약간의 돈을 벌려는 사람들이 주로 한다. 가까운 장래에 진행 중인 정보 기술과 로봇 기술의 도입으로 아마도 많은 직업이 점점 더 컴퓨터에 의해 대체되고, 나아가 사라질 것이다. 2013년 글에서, 옥스포드 대학의 칼 프레이Carl Frey와 마이클 오스본Michael Osborne 교수는 컴퓨터로 대체될 가능성에 기반하여 702개의 직업 순위를 작성했다.[1] 외과 의사, 인적자원 관리자, 심리학자의 일은 컴퓨터로 대체될 가능성이 1% 이하로 추정되었다. 그러나 비서와 행정보조, 대출 담당 직원, 데이터 입력자는, 가까운 장래에 컴퓨터로 대체될 가능성이 95%가 넘기 때문에 직업이 사라지는 것을 걱정할 수밖에 없을 것이다. 오늘날, 직무의 최고 적임자가 컴퓨터나 로봇인 경우가 점점 더 많아지고 있다. 특히 그 일을 할 수 있는 유일하고 최선의 방법이 있는 경우에 더 그렇다. 물론 물리학자 닐스 보어Niels Bohr가 말했듯이, '특히 미래에 대한' 예측은 어렵다. 그러나 충분한 시간이 지났을 때, 우리 모두가 컴퓨터화, 로봇화로 인해 직업에 닥치게 될 대대적인 변화를 마주할 수밖에 없음은 사실상 분명하다.

이것이 꼭 나쁜 일만은 아니다. 컴퓨터와 로봇이 우리가 하는 일의 일부분을 가져가게 되면, 우리는 시간을 더 잘 이용할 수 있다. 어제의 관청 포고꾼, 전화교환원, 점등부는 노동시장의 다른 분야에서 생산적인 일자리를 찾았다. 같은 일이 오늘의 비서, 행정보조, 데이터 입력자에게도 일어날 것이다. 그러나 의심의 여지 없이, 막다른 길로 몰린 직업에서 더 나은 전망이 있는 직업으로 성공적 이행이 이루어지려면 노동자들에게 상당한 유연성과 노력이 요구될 것이다. 이들은 현재의 직업이나 조직 내에서만 아니라 외부 노동시장(다른 조직의 다른 직업)에서도 취직 능력을 갖춘 사람이 되기 위해 평생 자신의 KSAO에 투자하는 것이 현명하다. 조직 개편이나 파산에서 안전한 직업은 세상에 없다. '장기근속 협상'도 이제는 없다.[2] 이는 학원에 다니고, 저녁과 주말에 강의를 듣고, 직장에서 새로운 절차를 시험해야 한다는 의미이고, 저녁과 주말에 일에서 회복되는 시간을 갖는 것과는 거리가 멀다! 이런 국면의 긍정적인 면이라고 하면, 조직이 직원의 지식과 기술에 의존하는 경우, 조직이 필요로 하는 기술, 지식, 통찰력을 가진 사람이 주도권을 가지게 된다는 점이다. 더불어 조직이 직원의 지식과 기술에 의존하는 정도가 강하다면, 조직 또한 직원의 지속적 발전에 투자하고 직원들이 직무에 적합한 기술과 지식을 보유할 수 있도록 노력하는 것이 현명하다.

끊임없이 변하는 노동시장을 배경으로, 이 책은 두 가지 중요한 질문에 대한 대답을 내놓으려 한다. '우리는 왜 지금의 방식으로 일하는 것일까?' 그리고 '어떻게 하면 업무 성과와 노동자의 웰빙을 최적화할 수 있으며, 이를 위해 어떤 대가를 치러야 할까?'

우리의 일, 우리의 선택: 노동의 합리적 개선에 대한 재논의

1장에서 언급했던 것처럼 이 책은 네 가지 가정에 근거하고 있다. 첫째, 오늘날 우리가 일하는 방식은 노동력을 잘 이용하는 최선의 방법에 대한 우리의 견해에 상당 부분 기인했다는 점과, 우리는 사회의 구성원으로서 우리가 일하는 방식에 선택권이 있다는 점이다. 오늘날 우리 중 얼마나 많은 수의 사람들이 일하며 살아가는지 생각해본다면, 사회 구성원인 우리는 벌써 오래전에 이미 선택을 마친 것 같다. 다른 어떤 것보다도, 우리는 높은 생산성과 효율성을 가치 있게 생각한다. 그리고 이 덕분에 보다 값싼 물건들을 마음껏 사고 누릴 수 있게 되었다. 그러나 이것은 노동이 체계화되는 방식과 관련하여 대가를 치르게 했으며, 일하는 삶의 질에 직접적인 영향을 주었다.

2장에서 논의한 바와 같이, 프레더릭 테일러와 프랭크 길브레스, 릴리안 길브레스 부부 같은 사람들이 틀을 잡아 놓은, 노동의 합리적 개선을 위한 기본 원칙은 오늘날에도 여전히 적용된다. 이는 테일러나 길브레스 부부 같은 사람들, 또는 이들이 일했던 조직에서 이러한 원칙을 받아들이라고 우리에게 강요했기 때문이 아니다. 이러한 원칙들이 우리 모두에게 놀라울 만큼 매력적이었기 때문이다. 이런 원칙들은 엄청난 생산 증가와 이에 따른 노동자 임금 상승, 공장 소유주들의 이윤 상승으로 이어져 모두에게 유리한, 이른바 고전적인 윈윈win-win 상황을 이룰 수 있다고 약속했다. 테일러와 그의 동료들은 약속을 지켰다. 지난 200년 동안, 일 인당 수입은 엄청나게 증가했으며 모든 사람이 더 많은 것을 소유하게 되었다.[3] 이런 의미에서, 노동의 합리적 개선은 분명히 성과가 있었다.

최적으로 일을 조직하는 것에 대한 테일러의 아이디어들은 오늘날에도 여전히 많은 직업에서 확인된다. 사실 처음에는 단순한 육체노동을 위해 고안되었지만 이러한 원칙들은 점점 더 다른 직업들을 탈바꿈시키는 데도 이용되고 있다. 교사의 직업을 예로 들어보자. 위스콘신 대학의 마이클 애플Michael Apple 교육학과 교수는, 교직은 특수한 종류의 노동 과정으로, 현재 세 가지 절차를 거치는 중이라고 주장했다.[4] 첫 번째는 '운영 개선' 절차이다. 교직 관련 정책이 효율성과 효과성 같은 경제적 고려 때문에 추진되는 경우가 많아지고 있다. 이로 인하여 교직의 직무 '설계'와 직무의 실제 '수행' 사이에 연결 고리가 약화되었다. 확실히, 직무 계획과 직무 수행을 분리하라고 주장한 테일러와 일맥상통하는 부분이다. 교사 직무 계획은 고정된 특정 교과과정을 만들어 낼 것이고 교사는 이러한 교과과정을 따라야 한다. 고정된 교과과정은 테일러의 '단 하나의 최선의 방법'과 유사한 개념이며 교사들에 의해 수행된다. 마이클 애플 교수와 그의 동료 수잔 정크Susan Jungck의 보고에 따르면, "교사들이 미리 짜인 교과과정을 이용하는 경우가 많은데, 이때 교사의 숙련성이 저하되고 교사들이 지루함을 느끼고 외부 전문가와 구매 자료에 의존하게 되는 경우가 많다."[5] 애플 교수가 주목한 두 번째 절차인 '단순작업화'는 단순하고 관례적 행정작업의 증가로 인한 숙련성의 상실을 의미한다. 기본적으로 단순작업화 절차에서는, 높은 수준의 기술과 지식을 요하는 교직이라는 복잡한 직무가 동일한 수준의 전문 지식과, 경험을 필요로 하지 않는 수많은 단순 직무로 쪼개진다. 이는 프레더릭 테일러의 직무 단순화에 해당된다. 짐작해 보건대, 교사는 이렇게 단순화된 직무를 처음의 복잡한 직무보다 훨씬 더 효율적으로 수행할 수 있기 때문에, 교사들이 초과 근무 수당 형태의 보수 없이도 더 많은 작업을 할 수 있다고 관리자들은 기대한다. 이렇게 되면 교사의 직무가 더욱 '증가'한다. 이는 테일러가 과학적 경영관리법을 시행한 후 구상했던 생산과 효율성의 증대에 해당한다. 이 세 가지 절차가 합쳐지면 결과적으로 교사는 똑같은 시간 동안 더 많은 단순 작업을 하는 반면, 이러한 작업에 많은 영향력을 행사할 기회는 사라진다. (즉, 통제력의 상실이다.) 이것이 바로 과학적 경영관리법이 도입된 후 1800년대 후반과 1900년대 초반 공장 노동자들에게 일어난 일이다.

여기서 빠져있는 것은 교사들이 성과에 따른, 예컨대 생산량에 따른 임금이나 보너스의 형태로 보수를 받는다는 개념이다. 하지만 이렇게 하는 것이 분명 불가능한 일은 아니다. 2006년에서 2009년 사이에, 밴더빌트 대학의 연구팀은 미국 테네시주 내슈빌 교육 시스템 내에서 3년 동안 실험을 수행했다.[6] 연구팀은 '미국 교육의 중대한 문제', 다시 말해 교사가 잘 가르치려는 '적절한 동기 부여의 부재' 문제를 다루는 것이 목적이었다. 중학교 수학 교사들이 프로젝트 참가자로 무작위 선발되었다. 이 프로젝트는 표준화된 수학 테스트에서 학생들의 성적이 향상되었는가에 초점을 맞추었다. 이 테스트에서 높은 점수를 받은 학생들의 교사는 정규적인 연봉에 추가로 최고 만 오천 달러까지 보너스를 받을 수 있었다. 낮은 점수에 대해서는 낮은 보너스(오천 달러와 만 달러)가 주어졌다. 교사들은 학생들의 성적을 올리기 위해 무엇을 할 것인지 스스로 결정할 수 있었다. 예를 들어, 이들이 개인 교습을 구할 수도 있고, 전문적인 계발활동에 참여할 수도 있고, 동료 교사들과 더욱 협력하거나 그저 해왔던 관례를 숙고해 볼 수도 있다. 연구팀이 안타까워하며 인정한 것처럼, 많은 보너스를 받을 가능성이 교사의 성과에 미치는 영향은 사실상 거의 없었다. 실험에 참가했고, 따라서 보너스를 받을 가능성이 있는 교사의 학생들이 다른 학생들보다 더 잘하지 않았다. 중요한 점은, 이 사례가 교사의 성과를 올리는 데 보너스가 효과적이지 않거나 교사가 많은 수입을 받는 것에 관심이 별로 없다는 것을 보여주는 것이기보다는, 테일러와 그의 제자들이 언급했던 다른 원칙들과 마찬가지로, 학교라는 환경에서도 성과급 보수의 지급이 가능하다는 것을 보여준다는 점이다.

주위를 한번 돌아보고 아무 직업이나 하나를 선택해서 그 직업에 과학적 경영관리법 원칙을 시행할 방법을 생각해 보기 바란다. 사실 어떠한 형태로든 이미 시행되고 있을 가능성이 높다. 보너스를 받을 수 있는 생산 목표의 설정, 작업의 자동화 및 로봇화를 포함한 새롭고 더 간편하고 더욱 효율적인 작업 방법의 도입, 직원이 자신의 업무에 대해 가지는 통제력을 제한하는 엄격한 규칙과 규제, 이와 아울러 업무에 가장 적합한 사람을 선발하기 위한 모든 종류의 절차 등 다양하다. 이러한 관행들은 모두 프레더릭 테일러가 설득력 있게 주장했던 원칙들이 지금도 계속 시행 중인 것으로 해석할 수 있다.

이쯤에서, 지난 수십 년 동안 노동자에게 자율권 부여, 자율경영팀의 운영, 보다 수평적이고 덜 계층적인 조직의 설립 같은 주제에 많은 관심이 쏟아졌다는 주장을 하고 싶은 사람이 있을지 모르겠다. 확실히 그 덕분에 노동자는 보다 높은 통제력을 갖게 되었고, 노동자 개인의 웰빙도 개선되었다! 그런데 따지고 보면, 그랬을 수도 있고, 아닐 수도 있다. 자율경영팀, 보다 수평적인 조직 등의 도입이 꼭 노동자 개인에게 보다 높은 통제력을 준 것은 아니다. 이러한 조직 개편에 매우 세세하게 생산 목표를 규정하고 규칙, 규제를 도입한 경우 특히 그렇지 않다. 앞서 언급했던 것처럼, 이러한 규칙들은 노동자의 자율권을 제한하고, 자세한 감독을 불필요하게 만든다. 노동자들은 이제 그야말로 스스로에 대한 감독권을 가지게 되겠지만, 세세하게 규정된 생산 목표가 있음을 고려하면, 노동자들이 규칙에서 벗어나 자신에게 자유를 부여할 재량은 많지 않다고 볼 수 있다. 그렇기 때문에 이들의 자율권 수준이 증가하지는 않을 것이다.

나는 포장 부서의 혁신을 단행했던 감자튀김 제조사에 고용되어 일한 적이 있다. 공장 감독이 전원 해고되고, 이제 작업팀이 근무자 당번표를 스스로 정했다. 그러나 그 외에는 그들이 결정할 부분이 별로 없었다. 감자튀김을 포장하는 일, 다시 말해 12개의 비닐봉지를 마분지 상자에 넣고 밀봉하여 화물 운반대에 올려놓는 일은 아주 간단한 작업이다. 이제 작업팀은 자신의 직무에 대해 더 많은 통제력을 갖게 되었지만, 팀원들의 만족감은 줄어들었고 이렇게 불평했다. 첫 번째, 자신들은 애초에 더 많은 직무 통제력을 요구하지 않았다. 두 번째, 이제 자신들의 직무가 추가 작업으로 '풍부해'져서, 당번표 정하기를 서로 논의하기 위해 지루한 팀 회의를 해야 한다. 세 번째, 더 많은 작업에도 불구하고, 자신들은 추가 보수를 한 푼도 받지 못하고 있다. 팀원들은 이 조직 개편이 그들이 전해 들은 바대로 업무의 즐거움을 증가시키기 위한 시도이기보다는, 공장 감독 자리를 없애는 인원 감축을 위한 것이라고 의심했다. 그리고 이들이 그렇게 생각하는 것도 당연했다. 이런 나의 경험은 자율경영팀 제도가 직원의 웰빙에 미치는 효과에 대해 재검토 연구를 실시한 네덜란드 연구팀의 연구 결과에 의해 힘을 얻게 되었다. 이 재검토 연구에서는 이렇게 결론 내렸다. '재검토의 대상이 된 이 연구들은 자율경영팀 제도가 팀 구성원의 웰빙에 미치는 효과와 관련해서, 놀라울 정도로 빈약한 근거에 의지하여 일반적인 결론을 내리고 있다.'[7] 요점은 이것이다. 조직에서는 자신들의 의도가 노동자의 직무 통제력을 확대하는 것이라고 주장할지 모르지만, 현실적으로 이러한 조직 개편은 노동자의 자율성과 웰빙에 바라던 효과를 가져오지 못한다. 조직 개편 같은 개입은 심지어 역효과를 가져올 수도 있다. 증가된 직무 통제력의 기회가 일종의 추가 작업으로 이어질 때, 또는 노동자가 이러한 조직의 개입에 사실은 경영진의 숨겨진 의도가 있다고 의심할 때 특히 그럴 가능성이 높아진다. 4장에서 나온 '여러분의 고용주로서, 여러분을 행복하게 해드리고 싶습니다'는 말은 실제로는 경영진의 이런 본심을 나타내는 것 같다. '조직에 더 많은 효율성과 더 많은 이윤을 확보하고 싶다.'

따라서 이것이 우리는 왜 지금의 방식으로 일하는 것인가에 대한 답이다. 노동의 합리적 개선은 모든 종류의 물질적 혜택을 가져다줄 것이라 약속했고, 또 그러한 결과를 얻었다. 우리가 일터에서 하는 일은 대부분 우리의 자발적인 의사, 즉 우리의 '선택'에서 비롯된다. 일의 체계화로 인한 이러한 혜택들이 우리의 노동 원칙들을 좌우하게 놔둔 결과다. 다시 말해, 효율성과 생산성이 최우선이다. 노동자의 웰빙, 건강, 행복은 이러한 것이 일에 영향을 주거나, 또는 생산성이나 효율성에 도움이 될 때 또는 적어도 방해가 되지 않을 때만 고려된다.

어떻게 하면 업무 성과와 노동자의 웰빙을 최적화할 수 있으며, 어떤 대가를 치러야 하는가?

일의 체계가 생산성과 효율성이라는 경제 원칙에 의해 만들어지는 것이 우리에게 나쁜 일일까? 글쎄, 상황에 따라 다르다고 할 수 있다. 고객으로서 우리 모두는 높은 품질의 상품을 낮은 가격에 구매할 기회를 소중히 여긴다. 2017년 독일 함부르크에서 열린 G20 정상회담을 반대하며 진압 경찰과 충돌했던 반자본주의 시위자들조차 '전형적인' 자본주의 상징인 애플사의 아이폰을 사용하여 사납게 돌진하는 자신들의 모습을 카메라에 담았다. 고객의 관점에서 노동의 합리적 개선은 훌륭하다. 노동의 개선은 생산성과 효율성을 높여 가격을 낮출 수 있고 우리는 더 많은 상품을 마음껏 누릴 수 있다.

그러나 앞서 3장과 4장에서 논의한 내용에 따르면, 노동자의 입장에서 우리는 이러한 상황을 다르게 평가할 것이다. 우리는 행복한 삶을 위해서 자신의 업무에 높은 통제력을 갖는 것이 중요하다. 의미 있는 일을 하는 것도 마찬가지로 중요하다. 그러나 온갖 종류의 단순하고 판에 박힌 작업은 우리가 중요한 일을 하고 있다는 느낌을 주기 힘들다. 게다가, 집약된 업무는 높은 직무 요구 부담을 경험하게 하는 주요 원인임을 우리는 잘 알고 있다. 성과에 따른 임금제(3장)나 부적절한 금전적 보상 제도(4장)가 따라오면 특히 그렇다. 3장과 4장에서는 '우리가 일하는 방식이 일의 성과를 결정하는 중요한 요소'라는 우리의 두 번째 가정을 확인시켜주었다. 이러한 심리학적 개념에 근거하여, 지금도 진행 중인 노동의 합리적 개선 절차가 업무에 대한 노동자의 통제력은 저하시키고 업무량은 증가시키는 가운데 앞으로도 계속해서 우리가 일하는 방식에 압박을 가해올 것이며, 노동자의 건강과 웰빙에는 부정적 영향을 미칠 가능성이 커 보인다.

심리학은 현대의 노동을 형성하는 데 중요한 역할을 했다. 1913년에 후고 뮌스터베르크는 노동 심리학자들에 대해 이렇게 표현했다.

> 그들은 판매원, 고객, 자본가, 노동자, …… 사회주의자 반사회주의자, 고관세주의자, 자유무역주의자, 그 누구의 지지자도 아니다.[8]

뮌스터베르크에게 심리학은 노동조합이든 자본가 계급이든 할 것 없이 다양한 사회적 집단이 규정한 목표를 달성하는 데 도움을 주기 위한 수단일 뿐이며, 그는 어느 집단으로도 치우치지 않았다. 그러나, 심리학자들과 컨설턴트들이 조직에 고용되어 보수를 받고 생산 과정을 개선하도록 자문을 제공하는 경우가 흔했기 때문에, 초기에는 심리학이 노동자의 이익보다는 주로 조직의 이익을 위해 활용되었을 것이다.

이러던 것이 1930년대와 1960년대 사이에 어느 정도 변화가 생겼다. 심리학자 겸 컨설턴트였던 이들은, 행복하고-생산적인 노동자 가설(3장)에서 언급한 것처럼, 노동자의 욕구와 요구에 더 많은 관심을 기울이는 것이 조직의 이익 증진에 유리할 수 있다는 점을 인정했다. 이러한 논리는 노동자의 생산성 높이기와 노동자의 행복이 상충하는 것처럼 보였던 문제를 해결했으며, 직장 내 행복의 선행조건을 다루는 대규모의 연구가 이루어지게 했다. 이러한 연구의 결과는 '열심히 일하는 행위 자체는 잘못된 것이 없다'라는 이 책의 세 번째 가정을 뒷받침해준다. 기본적으로 심리학은 업무 성과와 노동자 웰빙 두 가지 모두가 어떻게 하면 최적화될 수 있는가를 보여주며, 업무를 보다 즐거운 것으로 만드는 업무의 역할(4장), 업무 성과와 관련한 개인적 특성의 역할(5장), 회복의 역할(6장)에 주목했다. 이와 동시에 심리학은 업무 성과, 웰빙, 건강과 의욕의 부재란 측면에서, 노동자의 웰빙에 관심을 두지 '않았을 때'의 대가에 대해서도 주목했다.

미래의 일: 노동과 심리학

이번 장을 준비하면서 우리 친척들을 대상으로 자신의 직업에 대하여 소규모의 반구조적 연구를 실시했다. 자신의 직업이 미래에 어떻게 되리라 전망하는지 물었다. 조사 응답자수는 매우 합당한 편이지만(앞서 이야기한 것처럼, 나의 할아버지는 10명의 가족을 부양했고, 이들 대부분은 자녀가 있다. 나는 그들의 자녀와 나의 아이들도 포함시켰다), 이 연구가 대표성을 가진다고 주장하기는 힘들 것 같다. 흥미롭게도, 낮은 지위의 생산직 종사자는 거의 없었다. 대부분이 컨설턴트이거나, 서비스 산업에 종사하거나, 엔지니어거나 간호사 또는 경영자였다. 이들 대다수가 자신이 받은 교육이 없었다면 이러한 직업을 얻지 못했을 것이라고 말했다. 그러나 그렇게 되기까지, 사실상 모두가 대학교육을 마친 후에도 추가로 코스를 밟거나 훈련을 받았다. 이는 고용자격을 갖추기 위해서는 평생교육이 필요하다는 생각을 확인시켜주는 부분이다. 미래와 관련하여, 대부분의 참가자는 컴퓨터화로 인해 변화가 올 것이라 예상했다. 그러나 그러한 변화가 자신의 직업에 실제적 위협을 주지는 않을 것이라고 상당히 자신했다. 내 사촌 중의 하나는 이렇게 자랑했다. "우리 직업은 계속해서 돈을 벌 거야. 그것도 더 많이."

나의 응답자들은 자신의 미래 전망과 관련해 약간은 너무 자신만만한 편이다. 사람들은 어려움과 도전에 직면했을 때조차 낙관적인 경향이 있다. 그리고 이러한 도전은 분명히 우리를 향해 다가오고 있으며, 노동자와 심리학자 모두에게 영향을 미칠 것이다. 2014년에 마리아 피터스Maria Peeters와 그녀의 동료들은 변화가 생길 다양한 분야를 파악했다.[9] 무엇보다 중요한 것은 '일의 성격'이 계속해서 변한다는 점이고, 따라서 '평균적인' 직업의 특성들도 계속해서 변할 것이라는 점이다. 1970년대 중반 이후로, 경제 선진

국들은 서비스 부문 노동의 폭발적 증가와 이에 상응하는 제조업 부문 일자리의 감소를 목격했다. 이런 현상은 미래에도 계속될 것으로 보이며, 육체적 직무 특성에는 신경을 덜 쓰고 정신적 요구를 더 많이 강조할 것이다. 이러한 흐름은 노동자와 조직이 중요한 지식과 기술에 계속해서 투자해야 함을 의미하기도 한다. 노동자들이 자신의 KSAO를 최신으로 유지할 수 있게 스스로 투자하도록 동기 부여하는 방법을 찾고, 노동자와 그들이 일하는 조직의 요구를 충족시킬 수 있는 효과적인 교육 프로그램을 개발하고, 자신들이 제공한 직원 선발 과정을 고객의 필요에 따라 조정하고, 직무 특성이 노동자의 건강, 웰빙, 생산성에 미치는 영향을 추적 관찰하는 것은 심리학자들의 몫이다.

또한, '전체 직원의 특성'도 변화할 것이다. 50여 년 전만 해도, 대부분의 기업 조직에서는 전 직원의 인구통계학적 특성이 매우 유사했다. 직원들은 유사한 인종적 배경을 가지고, 직장생활 내내 동일한 고용주를 위해 일하는 경우가 보통이었다. 오늘날에는, 전체 직원이 나이, 성별, 재직기간, 인종적 배경, 교육 수준 등의 면에서 훨씬 더 다양한 양상을 보이는 경우가 흔해졌다. 이러한 상황에서, 직장 내

개인과 그룹의 차이를 잘 관리하여, 노동자와 조직 모두가 성공할 수 있도록 돕는 것이 인적 자원 담당자들의 중요한 과제가 되었다.

마지막으로, '조직과 조직이 운영하는 환경'도 변할 것이다. 세계화가 계속해서 심화되고 있는 가운데, 조직과 그 직원들은 계속해서 영향을 받게 된다. 조직 개편, 합병, 아웃소싱, 컴퓨터화, 로봇화, 기업의 경영 개선 심화로 종종 일자리가 없어지고, 다른 일자리의 경우엔 성격이 변화하는 등의 일이 나타날 것이다. 여기서 심리학자들이 해야 할 과제는, 노동자들이 자신의 취직 능력을 유지할 수 있도록 자신에게 투자할 수 있는 동기를 부여하고, 현재의 직업 또는 조직을 새롭게 재설계하여 최적화된 설계를 만들어내고, 이미 수차례의 조직 변화에 시달려 온 노동자에게 의욕을 불어넣는 일이다.

많은 변화가 예상된다. 그러나 결론은 이런 모든 상황에 직면한 가운데, 노동, 노동자 생산성, 노동자의 웰빙은 미래에도 여전히 중요한 주제로 남아있을 것이라는 점이다. 이 책에서 제시하고 있는 것처럼, 일과 관련해 전개될 상황이 노동자의 생산성과 웰빙에 어떠한 영향을 미칠 것인가,

노동자의 생산성과 웰빙이 어떻게 최적화될 수 있는가의 문제를 이해하는 데 심리학적 통찰력이 필수적이다. 이러한 의미에서, 이 책에 소개된 자료들은 1장에서 제시한 '생산성을 높이면서도 건강과 행복을 유지할 수 있는 최적의 균형을 알아내려면, 일을 심리학적 시각에서 바라보는 것이 중요하다'는 마지막 가정을 뒷받침하고 있다. 시대는 변하기 마련이지만, 심리학은 앞으로도 우리와 함께할 것이다.

감사의 글

이 책이 만들어지기까지 많은 분께서 도움을 주셨다. 그 수가 너무 많아 이 모든 분께 어떻게 감사의 뜻을 전해야 할지 모르겠다. 그래도 몇 분을 이야기하자면, 우선 내게 이 시리즈의 일부를 맡아 집필할 기회를 허락해 준 위트레흐트 대학의 우수 연구자를 위한 전략 문제 연구소Strategic theme Institutions for a Top Researcher의 경영진에게 감사의 말씀을 전하고 싶다. 분명 심리학, 경제학, 사회학, 의학 분야의 많은 연구자들의 연구 결과와 아이디어가 없었다면 이 책은 나오지 못했을 것이다. 그중에서 미힐 콤피르Michiel Kompier와 빌마르 스하우펠리Wilmar Schaufeli가 수년 동안 나의 영감의 원천이었기에 특별히 언급하고 싶다. 7장에서 사용된 자료를 제공해 준 파울, 이본, 톤, 야스퍼르, 마릿, 요스, 피터르에게도 깊은 감사의 말을 전한다. 나의 아내

잉어는 4장의 사례를 제시해 주었을 뿐만 아니라, 내가 이 책을 집필하는 내내 지원을 아끼지 않았다. 마지막으로 마릿, 키키, 크리스페인에게 이 책을 바친다. 이들이 없었다면 이 책은 세상에 나오지 못했을 것이다. 이 책은 이 아이들이 나에게 끈질기게 물었던 질문에 대한 답이다. "아빠, 아빠는 일할 때 진짜로 무슨 일 해?"

참고문헌

01 우리가 일에 대해 이야기하는 것

1 Marx, K., & Engels, F. (1848/1969). Manifesto of the communist party. In *Marx/Engels selected works* (Vol. 1, pp. 98-137). Moscow: Progress Publishers.

2 Barks, C. (1961). *Monsterville*. Retrieved 13 July 2016 from http://duckcomicsrevue.blogspot.nl/2013/05/monsterville.html

3 Roosevelt, T. (1899/1900). *The strenuous life: Essays and addresses*. New York, NY: The Century Company.

4 Basalla, G. (1988). *The evolution of technology*. Cambridge, UK: Cambridge University Press.

5 Peeters, M. C. W., Taris, T. W., & De Jonge, J. (2014). People at work. In M. C. W. Peeters, J. de Jonge, and T. W. Taris (Eds.), *An introduction to contemporary work performance* (pp. 3-30). Chichester, UK: Wiley-Blackwell.

6 Oxford Dictionaries. *Work*. Retrieved 13 July 2016 from www.oxforddictionaries.com/definition/english/work

7 Hippocrates (2013). Hippocratic corpus: Excerpts: On decorum (translated by J. Longrigg). *Academic Medicine*, 88, 80.

8 Vegetius (390). *De Re Militari*. Retrieved 14 July 2016 from www.digitalattic.org/home/war/vegetius

9 Weber, L. W. (2002). Georgius Agricola: Scholar, physician, scientist, entrepreneur, diplomat. *Toxicological Science*, 69, 292-294.

10 Carnevale, F., & Iavicoli, S. (2015). Bernardino Ramazzini (1633-1714): A visionary physician, scientist and communicator. *Occupational and Environmental Medicine*, 72, 2-3.

11 Crafts, N. F. R. (1985). *British economic growth during the industrial revolution*. New York, NY: Oxford University Press.

12 Goodman, R. (2014). *How to be a Victorian*. London, UK: Penguin.

13 *BBC History: Living and working conditions*. Retrieved 13 July 2016, from www.bbc.co.uk/schools/gcsebitesize/history/shp/britishsociety/livingworkingconditionsrev1.shtml

14 Humphries, J. (2010). *Childhood and child labour in the British industrial revolution*. Cambridge, UK: Cambridge University Press.

02 더 열심히, 더 잘, 더 빨리, 더 강하게

1 Fitch, J. A. (1989). *The steel workers*. Pittsburgh, PA: University of Pittsburgh Press.

2 Kanigel, R. (2005). *The one best way: Frederick Winslow Taylor and the enigma of efficiency*. Cambridge, MA: MIT Press.

3 Hoopes, J. (2003). *False prophets: The gurus who created modern management and why their ideas are bad for business today*. New York, NY: Basic Books.

4 Taylor, F. W. (1912/1947). *Hearings in 1912 before special Investigating Committee of House of Representatives*. New York, NY: Harper.

5 Taylor, F. W. (1911). *The principles of scientific management*. New York, NY: Harper.

6 Wrege, C. D. (1995). F. W. Taylor's lecture on management, 4 June 1907: An introduction. *Journal of Management History*, 1, 4-7.

7 Gilbreth, L. M. (1925). *The quest of the best way: A sketch of the life of Frank Bunker Gilbreth*. New York, NY: Society of Industrial Engineering.

8 Ford, D. N. (1995). Frank Gilbert, 1868-1924, American engineer. In E. J. McMurray, J. K. Kosek, and R. M. Valade (Eds.), *Notable twentieth-century scientists* (pp. 759-760). New York, NY: Gale.

9 Gilbreth, L. M. (1914). *The psychology of management: The function of the mind in determining, teaching and installing methods of least waste*. New York, NY: Sturgis & Walton.

10 Baumgart, A., & Neuhauser, D. (2009). Frank and Lillian Gilbreth: Scientific management in the operating room. *Quality and Safety in Health Care*, 18, 413-415.

11 Graham, L. D. (1998). *Managing on her own: Dr. Lillian Gilbreth and women's work in the interwar era*. Norcross, GA: Engineering & Management Press.

12 Wrege, C. D., & Hodgetts, R. M. (2000). Frederick W. Taylor's 1899 pig iron observations: Examining fact, fiction, and lessons for the new millennium. *Academy of Management Journal*, 43, 1283-1291.

13 Locke, E. A. (1982). The ideas of Frederick W. Taylor: An evaluation. *Academy of Management Review*, 7, 14-24.

14 Streitfelt, D. (2015). Data-crunching is coming to help your boss manage your time. *New York Times*, 17 August.

03 사람, 우리가 알고 있는 사람

1 Roethlisberger, F. J., & Dickson, W. J. (1939). *Management and the worker*. Cambridge, MA: Harvard University Press.

2 Levitt, S. D., & List, J. A. (2009). Was there really a Hawthorne effect at the Hawthorne plant? An analysis of the original illumination experiments. *American Economic Journal: Applied Economics*, 3, 224-238.

3 Mayo, E. (1945). *The social problems of an industrial civilization*. Boston, MA: Harvard University.

4 Sonnenveld, J. A. (1985). Shedding light on the Hawthorne studies. *Journal of Occupational Behavior*, 6, 111-130.

5 Jenkins, G. D., Mitra, A., Gupta, N., & Shaw, J. D. (1998). Are financial incentives related to performance? A meta-analytical review of empirical research. *Journal of Applied Psychology*, 83, 777-787.

6 Levitt, S. D., & Neckermann, S. (2014). What field experiments have and have not taught us about managing workers. *Oxford Review of Economic Policy*, 30, 639-657.

7 Freeman, R. B., & Kleiner, M. M. (2005). The last American shoe manufacturers: Decreasing productivity and increasing profits in the shift from piece rates to continuous flow production. *Industrial Relations*, 44, 307-330.

8 Organ, D. W., Podsakoff, P. M., & MacKenzie, S. P. (2006). *Organisational citizenship behavior: Its nature, antecedents, and consequences*. London, UK: Sage.

9 Taylor, F. W. (1911). *The principles of scientific management*. New York, NY: Harper.

10 Johansson, B., Rask, R., & Stenberg, M. (2010). Piece rates and their

effects on health and safety: A literature review. *Applied Ergonomics*, 41, 607-614.

11 Hersey, R. B. (1932). *Workers' emotions in shop and home: A study of individual workers from the psychological and physiological standpoint*. Philadelphia: University of Pennsylvania Press.

12 Judge, T. A., Thoresen, C. J., Bono, J. E., & Patton, G. K. (2001). The job satisfaction-job performance relationship: A qualitative and quantitative review. *Psychological Bulletin*, 127, 376-407.

13 Riketta, M. (2008). The causal relation between job attitudes and performance: A meta-analysis of panel studies. *Journal of Applied Psychology*, 93, 472-481.

14 Ohly, S., Sonnentag, S., Niessen, C., & Zapf, D. (2010). Diary studies in organisational research: An introduction and some practical recommendations. *Journal of Personnel Psychology*, 9, 79-93.

15 Schaufeli, W. B., Leiter, M. P., & Maslach, C. (2009). Burnout: 35 years of research and practice. *Career Development International*, 14, 204-2020.

16 Swider, B. W., & Zimmerman, R. D. (2010). Born to burnout: A meta-analytic path model of personality, job burnout, and work outcomes. *Journal of Vocational Behavior*, 76, 487-506.

17 Taris, T. W. (2006). Is there a relationship between burnout and objective performance? A critical review of 16 studies. *Work & Stress*, 20, 316-334.

18 Salanova, M., Agut, S., & Peiro, J. M. (2005). Linking organisational resources and work engagement to employee performance and customer loyalty: The mediation of service climate. *Journal of Applied Psychology*, 90, 1217-1227.

19 Harter, J. K., Schmidt, F. L., & Hayes, T. L. (2001). Business-unit-

level relationship between employee satisfaction, employee engagement, and business outcomes: A meta-analysis. *Journal of Applied Psychology*, 87, 268-279.

20 Levine, D., Toffel, M., & Johnson, M. (2012). Randomized government safety inspections reduce worker injuries with no detectable job loss. *Science*, 336, 907-911.

21 European Agency for Safety and Health at Work. (2014). *The business case for safety and health at work: Cost-benefit analyses of interventions in small and medium-sized enterprises*. Luxembourg: EU-OSHA.

04 일에서의 행복 증진

1 Hackman, J. R., & Oldham, G. R. (1980). *Work redesign*. Reading, MA: Addison-Wesley.

2 Wall, T. D., Clegg, C. G., & Jackson, P. R. (1978). An evaluation of the Job Characteristics model. *Journal of Occupational Psychology*, 51, 183-196.

3 Fried, Y., & Ferris, G. R. (1987). The validity of the Job Characteristics model: A review and meta-analysis. *Personnel Psychology*, 40, 287-322.

4 Karasek, R. A. (1976). *The impact of the work environment on life outside the job* [unpublished PhD thesis]. Cambridge, MA: MIT Press.

5 Karasek, R. A., & Theorell, T. (1990). *Healthy work: Stress, productivity, and the reconstruction of working life*. New York, NY: Basic Books.

6 Hausser, J. A., Mojzisch, A., Niesel, M., & Schulz-Hardt, S. (2010).

Ten years on: A review of recent research on the Job Demand-Control(-Support) model and psychological well-being. *Work & Stress*, 24, 1-35.

7 Madsen, I. E., Nyberg, S. I., Magnusson Hanson, L. L., Ferrie, J. E., Ahola, K., et al. (2017). Job strain as a risk factor for clinical depression: Systematic review and meta-analysis with additional individual participant data. *Psychological Medicine*, 47, 1342-1356.

8 Siegrist, J. (2008). Effort-reward imbalance and health in a globalized economy. *Scandinavian Journal of Work, Environment, and Health*, 34, 163-168.

9 Van Vegchel, N., De Jonge, J., Bosma, H., & Schaufeli, W. B. (2005). Reviewing the effort-reward imbalance model: Drawing up the balance of 45 empirical studies. *Social Science and Medicine*, 60, 1117-1131.

10 Eddy, P., Heckenberg, R., Wertheim, E. H., Kent, S., & Wright, B. J. (2016). A systematic review and meta-analysis of the Effort-Reward Imbalance model of workplace stress with indicators of immune function. *Journal of Psychosomatic Research*, 91, 1-8.

11 Warr, P. (2013). Jobs and job-holders: Two sources of happiness and unhappiness. In S. A. David, I. Boniwell, and A. C. Ayers (Eds.), *The Oxford handbook of happiness* (pp. 733-750). Oxford, UK: Oxford University Press.

12 Demerouti, E., Bakker, A. B., Nachreiner, F., & Schaufeli, W. B. (2001). The Job Demands-Resources model of burnout. *Journal of Applied Psychology*, 86, 499-512.

13 Taris, T. W. (2017). Models in work and health research: the JDC(S), ERI and JD-R frameworks. In R. J. Burke and K. M. Page (Eds.), *Research handbook on work and well-being* (pp. 77-98).

Cheltenham, UK: Elgar.
14 Deci, E. L., & Ryan, R. M. (2000). The "what" and "why" of goal pursuits: Human needs and the self-determination of behavior. *Psychological Inquiry*, 11, 227-268.
15 Gagné, M., & Deci, E. (2005). Self-determination theory and work motivation. *Journal of Organisational Behavior*, 26, 331-362.
16 De Cooman, R., Stynen, D., Van den Broeck, A., Sels, L., & De Witte, H. (2013). How job characteristics relate to need satisfaction and autonomous motivation: Implications for work effort. *Journal of Applied Social Psychology*, 43, 1342-1352.
17 Van der Elst, T., Van den Broeck, A., De Witte, H., & De Cuyper, N. (2012). The mediating role of frustration of psychological needs in the relationship between job insecurity and work-related well-being. *Work & Stress*, 26, 252-271.
18 Van Beek, I., Hu, Q., Schaufeli, W. B., Taris, T. W., & Schreurs, B. H. J. (2012). For fun, love, or money: What drives workaholic, engaged, and burned-out employees at work? *Applied Psychology: An International Review*, 61, 30-55.

05 업무 환경에 최적화된 사람

1 Taylor, F. W. (1911). *The principles of scientific management*. New York, NY: Harper.
2 Blatter, J. T. (2014). *The psychotechnics of everyday life: Hugo Munsterberg and the politics of applied psychology*, 1887-1917. Cambridge, MA: Harvard University.
3 Münsterberg, H. (1913). *Psychology and industrial efficiency*. Boston, MA: Houghton Mifflin.

4 Parsons, F. (1909). *Choosing a vocation*. Boston, MA: Houghton Mifflin.

5 Guion, R. M., & Gottier, R. F. (1965). Validity of personality measures in personnel selection. *Personnel Psychology*, 18, 135-164.

6 McCrae, R. R., & John, O. P. (1992). An introduction to the five-factor model and its applications. *Journal of Personality*, 60, 175-215.

7 Barrick, M. R., & Mount, M. K. (1991). The big five personality dimensions and job performance: A meta-analysis. *Personnel Psychology*, 44, 1-26.

8 Rothstein, M. G., & Goffin, R. D. (2006). The use of personality measures in personnel selection: What does current research support? *Human Resource Management Review*, 16, 155-180.

9 Hunter, J. E., & Schmidt, F. L. (1996). Intelligence and job performance: Economic and social implications. *Psychology, Public Policy, and Law*, 2, 447-472.

10 See Hunter, J. E. (1986). Cognitive ability, cognitive aptitudes, job knowledge, and job performance. *Journal of Vocational Behavior*, 29, 340-362; and Hunter, J. E., & Hunter, R. F. (1984). Validity and utility of alternative predictors of job performance. *Psychological Bulletin*, 96, 72-98.

11 Van Rooy, D., & Viswesvaran, C. (2004). Emotional intelligence: A meta-analytic investigation of predictive validity and nomological net. *Journal of Vocational Behavior*, 65, 71-95.

12 Wilderom, C. P. M., Hur, Y. H., Wiersma, U. J., Van den Berg, P. T., & Lee, J. (2015). From manager's emotional intelligence to objective store performance: Through store cohesiveness and sales-directed employee behavior. *Journal of Organisational Behavior*, 36, 825-844.

13 O'Boyle, E. H., Humphrey, R. H., Pollack, J. M., Hawver, T. H., & Story, P. H. (2015). The relation between emotional intelligence and job performance: A meta-analysis. *Journal of Organisational Behavior*, 32, 788-818.

14 Macan, T. (2009). The employment interview: A review of current studies and directions for future research. *Human Resource Management Review*, 19, 203-218.

15 Wagner, R. (1949). The employment interview: A critical summary. *Personnel Psychology*, 2, 17-46.

16 McDaniel, M. A., Whetzel, D. L., Schmidt, F. L., & Maurer, S. D. (1994). The validity of employment interviews: A comprehensive review and meta-analysis. *Journal of Applied Psychology*, 79, 599-616.

17 Hoffman, B. J., Kennedy, C. L., LoPilato, A. C., Monahan, E. L., & Lance, C. E. (2015). A review of the content, criterion-related, and construct-related validity of assessment centers. *Journal of Applied Psychology*, 100, 1143-1168.

18 Schmidt, F. L., & Hunter, J. E. (1998). The validity and utility of selection methods in Personnel Psychology: Practical and theoretical implications of 85 years of research findings. *Psychological Bulletin*, 124, 262-274.

19 Blume, B. D., Ford, J. K., Baldwin, T. T., & Huang, J. L. (2010). Transfer of training: A meta-analytic review. *Journal of Management*, 36, 1065-1105.

06 일에서의 회복

1 Caesar, J. (2013). *The civil war* (sections 3.90-3.99). Translated in

English by W. A. McDeVitte and W. S. Bohn. Hastings, UK: Delphi Classics.
2 Taylor, F. W. (1911). *The principles of scientific management*. New York, NY: Harper.
3 Graham, L. D. (1999). Domesticating efficiency: Lillian Gilbreth's scientific management of homemakers, 1924-1930. *Signs*, 24, 633-675.
4 See Eurofound. (2016). *Sixth European working conditions survey*. Luxembourg: Publications Office of the European Union; and Bureau of Labor Statistics.(2015). *The employment situation - February 2015*. Washington, DC: Department of Labor.
5 Hu, N. C., Chen, J. D., & Cheng, T. J. (2016). The associations between long working hours, physical inactivity, and burnout. *Journal of Occupational and Environmental Medicine*, 58, 514-518.
6 Kivimäki, M., Jokela, M., Nyberg, S. T., Singh-Manoux, A., Fransson, E. I., et al. (2015). Long working hours and risk of coronary heart disease and stroke: A systematic review and meta-analysis of published and unpublished data for 603 838 individuals. *The Lancet*, 386, 1710-1711.
7 Bannai, A., & Tamakoshi, A. (2014). The association between long working hours and health: A systematic review of epidemiological evidence. *Scandinavian Journal of Work, Environment, and Health*, 40, 5-18.
8 Schluter, P. J., Turner, C., & Benefer, C. (2012). Long working hours and alcohol risk among Australian and New Zealand nurses and midwives: A crosssectional study. *International Journal of Nursing Studies*, 49, 701-709.
9 Folkard, S., & Lombardi, D. A. (2006). Modeling the impact of the

components of long work hours on injuries and "accidents". *American Journal of Industrial Medicine*, 49, 953-963.

10 Pencavel, J. (2015). The productivity of working hours. *The Economic Journal*, 125, 2052-2076.

11 See Ganster, D. C., Rosen, C. C., & Fisher, G. G. (in press). Long working hours and well-being: What we know, what we do not know, and what we need to know. *Journal of Management*; and Bernstrom, V., & Houkes, I. (in press). A systematic literature review of the relationship between work hours and sickness absence. *Work & Stress*.

12 Meijman, T. F., & Mulder, G. (1998). Psychological aspects of workload. In P. J. Drenth, H. Thierry, and C. J. de Wolff (Eds.), *Handbook of work and organisational psychology* (pp. 5-33). Hove, UK: Psychology Press.

13 Geurts, S. A. E., & Sonnentag, S. (2006). Recovery as an explanatory mechanism in the relation between acute stress reactions and chronic health impairment. *Scandinavian Journal of Work, Environment and Health*, 32, 482-492.

14 Tucker, P. (2003). The impact of rest breaks upon accident risk, fatigue and performance: A review. *Work & Stress*, 17, 123-127.

15 Lombardi, D. A., Jin, K., Courtney, T. K., Arlinghaus, A., Folkard, S., Liang, Y., and Perry, M. J. (2014). The effects of rest breaks, work shift start time, and sleep on the onset of severe injury among workers in the People's Republic of China. *Scandinavian Journal of Work, Environment and Health*, 40, 146-155.

16 Kim, S., Park, Y., & Niu, Q. (2017). Micro-break activities at work to recover from daily job demands. *Journal of Organisational Behavior*, 38, 22-44.

17 Genaidy, A. M., Delgado, E., & Bustos, E. (1995). Active microbreak effects on musculoskeletal comfort ratings in meatpacking plants. *Ergonomics*, 38, 326-336.

18 Sonnentag, S., Venz, L., & Casper, A. (2017). Advances in recovery research: What have we learned? What should be done next? *Journal of Occupational Health Psychology*, 22, 365-380.

19 Greenhaus, J. H., & Beutell, N. J. (1985). Sources and conflict between work and family roles. *Academy of Management Review*, 10, 76-88. Note that experiences at work and home can also strengthen one's functioning in both contexts, for example when the skills learned in one context (such as time management skills) improve one's functioning in the other. This is referred to as *work-home enhancement*.

20 De Bloom, J., Geurts, S. A. E., Sonnentag, S., Taris, T., De Weerth, C., & Kompier, M. A. J. (2008). How does a vacation from work affect employee health and well-being? *Psychology & Health*, 26, 1606-1622.

07 앞으로 달라질 일의 형태

1 Frey, C. B., & Osborne, M. (2013). *The future of employment: How susceptible are jobs to computerisation?* Oxford, UK: University of Oxford.

2 Brown, P., Hesketh, A., & Williams, S. (2003). Employability in a knowledgedriven economy. *Journal of Education and Work*, 16, 107-126.

3 Luiten van Zanden, J., Baten, J., Foldvari, P., & Van Leeuwen, B. (2014). The changing shape of global inequality 1820-2000:

Exploring a new data set. *The Review of Income and Wealth*, 60, 279–297.

4 Apple, M. W. (1986). *Teachers and texts: A political economy of class and gender relations in education*. London, UK: Routledge.

5 Apple, M. W., & Jungck, S. (1990). "You don't have to be a teacher to teach this unit": Teaching, technology and gender in the classroom. *American Educational Research Journal*, 27, 227–251.

6 Springer, M. G., Ballou, D., Hamilton, L., Le, V., Lockwood, J. R., McCaffrey, D., Pepper, M., & Stecher, B. (2010). *Teacher pay for performance: Experimental evidence from the Project on Incentives in Teaching*. Nashville, TN: Vanderbilt University.

7 Van Mierlo, H., Rutte, C. G., Kompier, M. A. J., & Doorewaard, H. C. A. M. (2004). A theoretical and methodological analysis of empirical studies on psychological well-being in self-managing teams [in Dutch]. *Gedrag & Organisatie*, 17, 43–58.

8 Münsterberg, H. (1913). *Psychology and industrial efficiency*. Boston, MA: Houghton Mifflin.

9 Peeters, M. C. W., Taris, T. W., & De Jonge, J. (2014). People at work. In M. C. W. Peeters, J. de Jonge, and T. W. Taris (Eds.), *An introduction to contemporary work psychology* (pp. 3–30). Chichester, UK: Wiley-Blackwell.